Relatos latinoamericanos: la herencia africana

RELATOS LATINOAMERICANOS:

la herencia africana

James H. Kennedy

New York, New York Columbus, Ohio Chicago, Illinois Peoria, Illinois Woodland Hills, California

Photo Credits

Frontispiece: (Personajes típicos de una comparsa carnavalesca desfilando por la avenida principal de Montevideo) Pedro Silva, Montevideo, Uruguay
Page x: Organization of American States
Page 3: Luis Carlos Machado, Bahia State Tourism Office
Page 7: Pedro Silva, Montevideo, Uruguay
Page 8, *top:* Cybelle S. Magro, Embassy of Brazil, Washington, D.C.
Page 8, *bottom:* Ari Cândido Fernandes, Secretaria de Estado da Cultura, São Paulo
Page 14: James H. Kennedy
Page 17: Fr. Juan M. Sokolich, Lima, Peru
Page 20: Empresa Brasileira de Filmes, Rio de Janeiro
Page 24: Elisa Larkin Nascimento
Page 28: James H. Kennedy
Page 36: Irene Santos, Porto Alegre, Brazil
Page 44: James H. Kennedy
Page 51: Cybelle S. Magro, Embassy of Brazil, Washington, D.C.
Page 54: Puerto Rico Tourism Company
Page 60: Organization of American States
Page 62: Organization of American States
Page 67: James H. Kennedy

Glencoe/McGraw-Hill

A Division of The McGraw-Hill Companies

ISBN: 0-8442-7393-7

Formerly published by National Textbook Company.
a division of NTC/Contemporary Publishing Group, Inc.,

Manufactured in the United States of America.

7 8 9 10 11 12 13 14 069 10 09 08 07 06 05 04 03

Send all Inquiries to:
Glencoe/McGraw-Hill
8787 Orion Place
Columbus, OH 43240

Indice

Preface

Relatos latinoamericanos: la herencia africana is an intermediate-level reader designed to broaden students' cultural awareness of the Latin American world, develop their ability to communicate in Spanish, and whet their appetite for further study of the Spanish language and Latin American civilization. This reader is not intended to replace Hispanic cultural readings; it is intended rather to serve as a supplement to enhance and enrich the cultural content of the intermediate textbook.

The lessons contained herein present topics, both historical and contemporary, which serve to introduce the student to various aspects of Latin American traditions and customs not usually included in materials prepared for intermediate students. To afford a more global approach to Latin America, insights are offered into aspects of the cultures of not only some of the region's Spanish-speaking countries, but also Latin America's two non-Hispanic nations—Brazil and Haiti.

The format of the book is sufficiently flexible so that it may be used in classes which stress reading, culture, conversation, or any combination of these. The core of each of the lessons is a reading preceded by an introduction which sets the theme. Difficult passages are explained in marginal glosses to enable the student to read with relative ease. Footnotes have been used to clarify unfamiliar geographic and historical references as well as unusual vocabulary items. The active vocabulary presented in each lesson is listed after the reading, and includes idiomatic expressions and false cognates. An effort has been made to incorporate active vocabulary items into subsequent lessons in order to reinforce vocabulary retention. Each lesson ends with a series of exercises designed to check content comprehension and develop vocabulary. In most cases, a brief bibliography is offered for those students who may wish to explore topics through additional readings both in Spanish and English.

The material contained in this reader has been used and tested in classes to ensure both the quality and practicability of the content. It is hoped that these lessons will spark serious thought and interesting discussion among students, as well as stimulate them to continue their study of the Spanish language and Latin American civilization.

The author would like to express his sincere appreciation to Dr. Teresa Labarta de Chaves, of the University of the District of Columbia, for her genuine interest in this project and for her careful editing and invaluable suggestions. A debt of gratitude is also due Dr. Norma

Small-Warren, of Howard University, for her reading of the manuscript at various stages in its development and for her helpful comments and advice. And a special word of thanks goes to Dr. Isabel Castellanos, of Georgetown University, for having provided information which helped shape the quality of the lesson involving *Santería,* and to my colleague Leticia Forbes, of the Carlos Rosario Adult Education Center, for her valuable suggestions as well as assistance in the task of proofreading.

Población de Ascendencia Africana en la América Latina

El *juego de los congos* en Panamá.

El Carnaval en Latinoamérica

1

En muchos países del mundo los días anteriores a la Cuaresma constituyen una época de pura frivolidad. Durante esos días se interrumpen las actividades comerciales y escolares y no hay tranquilidad ni posibilidad de dormir mucho.

Según antiguas costumbres, los habitantes de Nueva Orleáns, Puerto Príncipe, Montevideo, Río de Janeiro y de muchas otras ciudades pasan estos días bailando y cantando. En Nueva Orleáns ésta es la conocida fiesta del Mardi Gras. *En toda Latinoamérica, sin embargo, la fiesta se llama Carnaval.*

Una de las fiestas más típicas de Latinoamérica es el Carnaval, que por lo general se celebra en el mes de febrero durante los tres o cuatro días antes del Miércoles de Ceniza, día que inicia la época de la Cuaresma. Por su espíritu de alegría y diversión, las fiestas carnavalescas se parecen al *Mardi Gras* de Nueva Orleáns y a las fiestas de víspera del Año Nuevo. Los festejos del Carnaval constituyen, en efecto, ocasión de gran regocijo popular en casi toda la América Latina.

Aunque cada Carnaval tiene su sabor regional, casi todos incluyen grandes desfiles, música de ritmo contagioso y un continuo bailar y beber.° Las calles y los salones de baile se llenan de gente que se divierte paseándose, cantando y bailando. Muchas veces las personas llevan máscaras y disfraces curiosos y divertidos, tocan instrumentos y tiran serpentinas y confeti.

un continuo bailar y beber: continuous dancing and drinking

Uno de los espectáculos más concurridos del Carnaval es el gran desfile en que siempre figuran unas carrozas bellas, o sea, vehículos ricamente adornados que representan las sociedades carnavalescas, clubes particulares y firmas comerciales. Lo más interesante° de los desfiles, sin embargo, son las comparsas, es decir, grupos organizados de parrandistas que con frecuencia representan temas de las ricas tradiciones del pasado. En los barrios se forman espontáneamente agrupaciones carnavalescas que, recorriendo las calles, atraen a más parrandistas con sus ritmos, su gritería y su buen humor.

lo más interesante: the most interesting part

Los bailes organizados por los centros de recreo, las instituciones municipales y los clubes particulares son en general muy animados y suntuosos. Además de música continua, los bailes incluyen por regla general la coronación de una reina del Carnaval y un concurso en que se ofrecen premios valiosos a los más ricos y curiosos disfraces.

Los festejos del Carnaval tienen su origen en las culturas europeas católicas, pero en muchos países latinoamericanos el brío y el colorido de esas fiestas deben mucho al aporte de los africanos y sus descendientes. Ya a principios del siglo XIX los Carnavales de Cuba, Panamá, el Brasil y el Uruguay eran motivo de animada fiesta de los esclavos que, al compás de ritmos traídos de Africa, se lanzaban a las calles donde bailaban hasta extenuarse.° Por sus ritmos animados, por su regocijo desenfrenado y, en fin, por su sabor africano, los Carnavales de esos países tienen actualmente un gran colorido.

hasta extenuarse: until becoming exhausted

En Panamá el Carnaval es la época del *juego de los congos*, drama bailado que, al compás de ritmos africanos, retrata la historia de los primeros cimarrones. En Montevideo salen los *candombes*, o sea, grupos carnavalescos que desfilan tocando tambores y cantando animadamente leyendas de los antiguos esclavos. En Puerto Príncipe se podría decir que toda la población—desde los chiquillos que apenas saben caminar hasta el gordo rey del Carnaval, elegido por la alcaldía—pasan los días festejando al compás del merengue, música predilecta de ese pueblo.

La ciudad que más se distingue por su Carnaval, sin embargo, es Río de Janeiro. En efecto, la fiesta convierte esta ciudad en un fantástico mundo de alegría, de música y de belleza. Los desfiles de las comparsas enormes ofrecen un espectáculo de color sin igual. Los habitantes de los suburbios, barrios pobres y distantes de la ciudad, pasan casi todo el año preparando los disfraces de vivos colores y ensayando las canciones y los pasos de sus comparsas. En febrero, salen por las grandes avenidas y, al ritmo de la samba, todos se divierten durante cuatro días llenos de música, danza y alegría.

Después de los festejos, todo es un recuerdo, un sueño. La mayor parte de la gente joven se encuentra muy cansada y sin dinero. La población vuelve a su vida normal, a sus actividades diarias, pensando, no obstante, en el año siguiente cuando vuelvan las mismas escenas de alegría y color de esta fiesta maravillosa llamada Carnaval.

El Carnaval es ocasión de regocijo popular: parrandistas brasileños.

Modismos y Locuciones

a principios de at the beginning of
además de in addition to, besides
al compás de to the beat of
con frecuencia often, frequently
en efecto in fact, actually
en fin in short
en general generally, usually
es decir that is to say
muchas veces often, frequently
o sea that is to say
no obstante nevertheless, however
por lo general generally, usually
por regla general as a general rule
sin embargo however, nevertheless
sin igual unrivaled

Palabras Engañosas

Cognates are words that are identical or very similar in two languages. For example, "regional" (English) = *regional* (Spanish); "different" (English) = *diferente* (Spanish). False cognates—*palabras engañosas*—are words that are identical or similar in form but quite different in meaning. The word "carnival" in English usually refers to a traveling amusement show with rides, entertainment, games, and refreshments. The Spanish word *carnaval*, however, refers to a large celebration before the beginning of Lent. Likewise, the word *particular*, as used in this lesson, does not mean "particular," but "private."

One should be aware also of cognates which, though not differing greatly in meaning, bear different connotations in the two languages. In English the word "suburb" generally means a pleasant residential district near a city, whereas in many parts of the Latin American world a *suburbio* can be an outlying slum.

Another type of *palabra engañosa* is the Spanish word used frequently in English, but with a more limited denotation than that of Spanish. Such is the case of *barrio*, which in English usually refers to a poor neighborhood inhabited predominantly by Hispanics. In normal Spanish usage, *barrio* designates any neighborhood, regardless of the ethnic background or social level of its inhabitants.

Vocabulario

animado lively
el aporte contribution
el cimarrón runaway slave
el concurso contest
la costumbre custom
la Cuaresma Lent
desfilar to parade
el desfile parade
el disfraz (los disfraces) costume
ensayar to rehearse
la época time, season
el esclavo slave
el festejo celebration
festejar to celebrate
la fiesta festivity, festival
la gritería shouting
la leyenda legend
la máscara mask
parecerse to resemble
el parrandista carouser
recorrer to go through
el regocijo joy, merriment
la reina queen
el rey king
según according to
el siglo century
el tambor drum

Ejercicios

A. ¿Son ciertas o falsas las oraciones siguientes? Si son falsas, cámbielas para que sean ciertas.

1. El Carnaval se celebra durante los tres o cuatro días antes de la Cuaresma.
2. El Carnaval es una fiesta muy antigua.
3. Las comparsas son vehículos ricamente adornados.
4. El Carnaval tiene su origen en las culturas africanas.
5. En el siglo XIX los esclavos de Panamá y del Uruguay festejaban mucho el Carnaval.
6. La ciudad que se distingue más por su Carnaval es Montevideo.
7. Toda la población de Puerto Príncipe festeja al compás de la samba.
8. El Carnaval de Panamá tiene un sabor muy africano.
9. En general se tiran disfraces curiosos durante los Carnavales.
10. Por regla general no se celebra el Carnaval en los Estados Unidos.

B. Sustituya las palabras en letra bastardilla por sinónimos de la lista siguiente.

festeja	está	aparecen
no obstante	en efecto	muchas veces
por regla general	al compás de	las fiestas

1. Lo más interesante de los desfiles, *sin embargo*, son las comparsas.
2. *Con frecuencia* las comparsas representan temas de las ricas tradiciones del pasado.

3. Los bailes organizados por los clubes particulares son *en general* muy animados y suntuosos.
4. En el gran desfile siempre *figuran* carrozas.
5. Se divierten todos *al ritmo de* la samba.
6. *Los festejos* del Carnaval tienen su origen en las culturas europeas católicas.
7. La mayor parte de la gente joven *se encuentra* muy cansada.
8. Se *celebra* el Carnaval en el mes de febrero.

C. Give an idiomatic English translation for the following sentences.

1. En toda Latinoamérica, sin embargo, la fiesta se llama Carnaval.
2. Por su espíritu de alegría y diversión, las fiestas carnavalescas se parecen al *Mardi Gras* de Nueva Orleáns y a las fiestas de víspera del Año Nuevo.
3. Se forman espontáneamente agrupaciones carnavalescas que, recorriendo las calles, atraen a más parrandistas con sus ritmos, su gritería y su buen humor.

D. ¿Cuál es el infinitivo de los verbos siguientes?

1. constituyen	4. vuelvan	7. incluyen	10. atraen
2. paseándose	5. recorriendo	8. elegido	
3. convierte	6. interrumpen	9. distingue	

E. Conteste con oraciones completas.

1. ¿Cuándo se celebra el Carnaval?
2. ¿Dónde se celebra el Carnaval?
3. ¿A qué se parecen las fiestas carnavalescas?
4. ¿De qué manera se divierte la gente durante los días del Carnaval?
5. ¿Cómo son los desfiles carnavalescos?
6. ¿De qué manera se festeja el Carnaval en los barrios?
7. ¿Cómo son los bailes carnavalescos?
8. ¿Por qué tienen gran colorido los Carnavales del Brasil y del Uruguay?
9. ¿Qué es el *juego de los congos*?
10. ¿Qué son los *candombes*?
11. ¿En qué países están Montevideo, Puerto Príncipe y Río de Janeiro?
12. ¿En qué país se baila el merengue? ¿Y la samba?
13. ¿Cómo se encuentran los jóvenes después de los festejos carnavalescos?
14. ¿Dónde se celebra el Carnaval en los Estados Unidos?

En Montevideo el Carnaval es la época de los *candombes*, o sea, agrupaciones que desfilan tocando tambores.

Suggested Readings

Botting, Douglas. "The Greatest Show on Earth" in *Rio de Janeiro*. Amsterdam: Time-Life Books, 1977.

Franceschi, Víctor. "Los negros congos en Panamá" in *Latinoamérica: sus culturas y sociedades* (ed. by H. Ernest Lewald). New York: McGraw-Hill, 1973.

Goldman, Albert Harry. *Carnaval in Rio*. New York: Hawthorn Books, 1978.

Lado, Robert, *et al*. "El carnaval en Latinoamérica" in *Galería Hispánica*. New York: McGraw-Hill, 1971.

Milne, John. "Carnival" in *Fiesta Time in Latin America*. Los Angeles: Ward Ritchie, 1965.

La iglesia de Nuestra Señora del Rosario, construida por Chico Rey en el siglo XVIII.

El rey, la reina y la corte en el desfile de la *congada.*

La historia de Chico Rey

2

A principios del siglo XVI, los primeros esclavos africanos fueron traídos a las colonias del Nuevo Mundo para trabajar en las minas y las haciendas, sustituyendo así a los indios que no resistían estos trabajos forzados. Así fue que el tráfico de esclavos floreció en las Américas por más de tres siglos y hubo esclavos en nuestro hemisferio hasta 1888, año en que se abolió la esclavitud en el Brasil.

Al comenzar° su existencia en el Nuevo Mundo, el negro naturalmente pasó un tiempo desorientado frente a las exigencias de la esclavitud. Sin embargo, no se dio completamente por vencido. El relato que sigue cuenta cómo un esclavo no quiso aceptar su destino.

Al comenzar: On beginning

Una de las figuras más interesantes de la época de la esclavitud en la América del Sur es Chico Rey, que vivió en el Brasil a principios del siglo XVIII. Actualmente su singular historia no se puede separar de la leyenda. Según cuenta la leyenda, al ser derrotado,° un rey africano fue, junto con su familia y súbditos, esclavizado y transportado al Brasil. Durante la travesía del Atlántico, un viaje de dos a tres semanas, los africanos sufrieron privaciones horribles, pues el buque negrero era un verdadero infierno. Muchos esclavos no resistieron el sufrimiento y murieron en alta mar.° Fue así que el jefe africano perdió a su mujer y a todos sus hijos con la excepción de uno.

al ser derrotado: on being defeated

en alta mar: on the high seas

Al llegar al Brasil,° el rey negro, su hijo y sus compañeros fueron comprados por un propietario de minas de oro que los llevó a Villa Rica, capital de la provincia de Minas Gerais, situada en el interior del Brasil. Aunque luego al rey se le bautizó° con el nombre de Francisco, según la leyenda, los otros

Al llegar al Brasil: on reaching Brazil

al rey se le bautizó: the king was baptized

esclavos, por respeto y admiración, lo llamaban Chico Rey.[1] El jefe negro juró que, rey en su propia tierra, rey había de continuar° fuera de ella.

rey había de continuar: he was to continue as king

Chico Rey, además de trabajar arduamente en las minas de su amo, trabajaba también para sí,° pues en el Brasil muchos amos dejaban a sus esclavos trabajar para sí los domingos y los días de fiesta. Se cree que de esta forma, ganando el dinero de un día de cada semana de trabajo, el rey africano pudo ahorrar lo suficiente para conseguir libertar al hijo. Libertado el hijo, continúa la leyenda, más fácilmente se obtuvieron los medios para comprar la libertad del padre.° Después padre e hijo pasaron a trabajar° juntos con un objetivo grandioso: libertar a los compañeros.

trabajaba también para sí: he worked for himself also

más . . . padre: the means for purchasing the freedom of the father were obtained more easily

pasaron a trabajar: they proceeded to work

Poco a poco iban libertando a los otros.° Estos, una vez libres, se juntaban al grupo y todos juntos reunían sus ahorros para comprar la libertad de otros compañeros esclavizados. De esta manera, Chico Rey logró comprar sucesivamente la libertad de todos los antiguos súbditos que lo habían acompañado en la esclavitud.

poco . . . otros: slowly they freed the others

Se afirma que Chico, ya considerado rey por sus compañeros, reunió nuevamente su corte y se casó otra vez para constituir una familia real. Con la ayuda de sus compañeros, el rey llegó a adquirir° una mina riquísima donde se encontró mucho oro. Esta riqueza sirvió para° la liberación de otros grupos esclavizados, aumentando así el número de súbditos que respetaban al rey. Así Chico Rey volvió a ser° el soberano de una nación como en los buenos tiempos de Africa.

llegó a adquirir: succeeded in acquiring

sirvió para: was used for

volvió a ser: was again

Muy satisfecho y rico, el rey fundó la cofradía de Nuestra Señora del Rosario, patrona de los negros, y construyó una iglesia, dándole el mismo nombre. Una vez por año, Chico Rey, la reina y los miembros de su corte asistían a la misa en veneración de Nuestra Señora del Rosario. Todos iban vestidos con trajes lujosos bordados en oro y las mujeres con los cabellos adornados de oro en polvo. Al terminar la misa, salía una procesión monumental de negros

[1] *Chico* is the common nickname for *Francisco* in Brazil

bailando al compás de° ritmos africanos cantados en su lengua nativa.

al compás de: to the beat of

Recorriendo las calles principales de Villa Rica, la procesión volvía a la iglesia donde, bajo la imagen de la patrona de los negros, las mujeres se lavaban los cabellos en una pila de agua bendita. En el fondo de la pila se quedaba, brillando, todo el oro que adornaba los peinados de las africanas. Este oro era utilizado para la liberación de otros esclavos.

En la región de Villa Rica, que hoy día se llama Ouro Preto, nadie se olvida de Chico Rey, el soberano negro, heroico y generoso que venció al destino conquistando la libertad no sólo para sí sino también para una nación entera.° Continúa todos los años la fiesta de Nuestra Señora del Rosario y la procesión típicamente africana originada por la nación de Chico Rey se ha generalizado por todo el Brasil. Durante la fiesta, llamada hoy día *reisado* y en algunas regiones *congada*, se efectúa siempre un desfile solemne° de negros vestidos de rey, reina y su corte seguidos de sus súbditos. Es una ocasión especial principalmente para los habitantes de las regiones remotas y pobres porque les da la oportunidad de olvidarse de los problemas de su vida cotidiana e identificarse con las ricas tradiciones del pasado.

no sólo...entera: not only for himself, but also for a whole nation.

se efectúa... solemne: a solemn parade always takes place

Modismos y Locuciones

darse por vencido to give up
de esta forma in this manner
de esta manera in this manner
de nuevo again
frente a faced with, facing
hoy día nowadays
no sólo...sino también not only...but also
poco a poco little by little, gradually
servir para to be used for

Palabras Engañosas

actualmente: Since the correct meaning of *actual* is "present" or "current," *actualmente* is equivalent to "currently."

asistir: The usual meaning of *asistir* is "to attend," not "to assist."

real: In many contexts this word equates with "real" in English; in this lesson, however, the correct translation is "royal."

Vocabulario

ahorrar to save
el amo master
la cofradía brotherhood
conseguir to succeed in
la esclavitud slavery
la libertad freedom
libertar to free
lograr to succeed in
la mina mine
el oro gold
el súbdito subject

Ejercicios

A. ¿Son ciertas o falsas las oraciones siguientes? Si son falsas, cámbielas para que sean ciertas.

1. La mujer de Chico Rey se murió al llegar al Brasil.
2. Se perdieron muchos africanos durante la travesía del Atlántico.
3. Chico Rey y su familia fueron comprados por un propietario de minas de oro.
4. Chico Rey no trabajaba los domingos.
5. Con la ayuda del hijo el rey esclavizado logró comprar su propia libertad.
6. Chico Rey era muy respetado por sus compañeros.
7. El rey africano consiguió libertar a sus súbditos.
8. Chico Rey compró la iglesia de Nuestra Señora del Rosario.
9. Los africanos se adornaban los cabellos con oro todos los domingos.
10. La fiesta de Nuestra Señora del Rosario tiene mucha importancia para los habitantes de las regiones pobres.

B. Sustituya las palabras en letra bastardilla por sinónimos de la lista siguiente y haga los cambios gramaticales necesarios.

lograr
hoy día
rey
forma
frente a
cabellos
procesión
estableció
de esta manera
además
servía
fácilmente

1. Durante la fiesta se efectúa siempre un *desfile solemne.*
2. *Actualmente* no se puede separar la historia de la leyenda.
3. De esta *manera,* Chico Rey logró comprar la libertad de los antiguos súbditos.
4. *Así* Chico Rey volvió a ser el *soberano* de una nación.
5. El oro de los *peinados* de las africanas se quedaba en el fondo de la pila.
6. El oro *era utilizado* para la liberación de otros esclavos.
7. El rey africano pudo ahorrar lo suficiente para *conseguir* libertar al hijo.
8. El rey *fundó* la cofradía de Nuestra Señora del Rosario.

C. Give an idiomatic English translation for the following sentences.

1. En el Brasil muchos amos dejaban a sus esclavos trabajar para sí los días de fiesta.
2. Las mujeres se lavaban los cabellos en una pila de agua bendita.
3. Chico Rey venció al destino conquistando la libertad no sólo para sí sino también para una nación entera.

D. ¿Cuál es el infinitivo de los verbos siguientes?

1. cuenta
2. sufrieron
3. resistiendo
4. obtuvieron
5. construyó
6. murieron
7. bautizó
8. pudo
9. reunían
10. sirvió

E. Conteste con oraciones completas.

1. ¿Cómo llegó el rey africano al Brasil?
2. ¿Cómo perdió a su familia?
3. ¿Quién compró al rey y a los otros esclavos?
4. ¿Por qué al africano lo llamaban Chico Rey?
5. ¿Comó consiguió Chico comprar la libertad de su hijo?
6. ¿De qué manera se libertó a sí mismo?
7. ¿Cuál era el objetivo grandioso de Chico y su hijo?
8. ¿Qué hacía Chico Rey con el oro encontrado en su mina?
9. ¿Cómo se llama la iglesia construida por Chico Rey?
10. ¿Cómo era la procesión de los negros?
11. ¿Qué hacían las africanas al terminar la procesión?
12. ¿Por qué es una ocasión especial hoy día la fiesta originada por Chico Rey?

Imagen típica de San Martín de Porres.

Martín de Porres: el santo de la escoba

3

En España como en Hispanoamérica, la religión es muy importante en la vida diaria de la población. En todos los países de habla española° y principalmente en el Perú existe un sinnúmero de devotos que rezan con mucha frecuencia a un santo negro llamado Martín. El símbolo de este santo es la escoba y a veces después de una misa especial se les distribuyen escobitas pequeñas a los fieles.° La historia siguiente relata la vida de Martín de Porres, Santo de la Escoba. Conocido también como el Padre de los Pobres, este santo negro es una de las figuras religiosas más populares del mundo hispánico.

de habla española: Spanish speaking

se les distribuyen... fieles: very small brooms are distributed to the faithful

Martín de Porres nació en Lima, Perú, el 9 de diciembre de 1579. Era hijo natural° de un hidalgo español, Juan de Porres, y su sirvienta negra, Ana Velásquez, natural de Panamá. El chico pasó gran parte de su infancia con su madre y una hermana en Malambo, barrio de los negros de Lima. Su padre, que más tarde fue gobernador de Panamá, visitaba a la familia de vez en cuando.

hijo natural: illegitimate child

Desde muy pequeño Martín de Porres se compadecía de la miseria ajena y entregaba a los necesitados el poco dinero que su pobre madre le daba para comprar la comida para la casa. Cuando era muy joven aprendió el oficio de barbero, que en aquel tiempo incluía no sólo el arte propio de la barbería sino también el de curar° las enfermedades más comunes.

no sólo... curar: not only the barber's trade proper, but also that of curing

A los quince años Martín ingresó en un convento de frailes y durante muchos años fue un ejemplo admirable por el ejercicio de todas las virtudes, sobre todo de la humildad y la caridad. Siempre deseaba ser el más humilde del convento y con su escoba buscaba los trabajos más pesados y humillantes que los demás no querían. Hoy día Martín de Porres está representado casi siempre con la escoba, símbolo de su humildad. En efecto la escoba fue su compañera fiel y constante durante los muchos años que el joven se dedicó a la limpieza del convento.

La caridad de Fray Martín era igualmente admirable. Como barbero el fraile atendía a los enfermos y a los mendigos que se aglomeraban diariamente en el portón del convento. Salía de Lima con frecuencia para atender y enseñar a los esclavos en las haciendas cercanas. Su bondad realmente no tenía límites. Aun a las personas que lo llamaban perro mulato el fraile les perdonaba el insulto y respondía con caridad y compasión.

El amor compasivo de Fray Martín se extendía hasta a los animales. Dicen que mantenía en el convento un perro y un gato que, viviendo en fraternal concordia, comían juntos del mismo plato. Según la tradición, Fray Martín logró que los dos animales comieran° juntos con un ratón también.

logró... comieran: succeeded in having the two animals eat

Poco a poco la fama de Fray Martín llegó a todos los niveles de la sociedad peruana de su época y venían no sólo los pobres indigentes sino también los aristócratas a consultar al humilde fraile. A todos les daba remedios, comida, consejos o una sencilla palabra de consuelo. Y curaba a incontables enfermos.

Cuando Martín de Porres murió el 3 de noviembre de 1639, la población ya lo consideraba santo. En 1962 la Iglesia acordó canonizar[1] al fraile negro que, por su humildad, había llegado a ser conocido como° el Santo de la Escoba y, por su caridad, el Padre de los Pobres. En los Estados Unidos los católicos eligieron a San Martín como el Patrón de la Justicia Social.

había llegado... como: had become known as

---

[1] *Canonizar:* to canonize, that is, to officially recognize as a saint.

Fieles peruanos esperando el inicio de la procesión en honor de San Martín de Porres.

Modismos y Locuciones

con mucha frecuencia very frequently, very often

de vez en cuando from time to time

en efecto as a matter of fact

sobre todo above all, especially

Palabras Engañosas

atender: This verb means "to attend" only in the sense of "to take care of" or "to attend to." It never has the sense of "to be present at," which must be translated by *asistir.*

el convento: This word can be used to refer not only to a convent, but to a monastery as well.

la infancia: This word means not only "infancy" but also "childhood."

la miseria: "Extreme poverty" is often the meaning of this word, which can be used to mean "misery" also.

natural: In addition to "natural," this word also means "native." The expression *hijo natural,* however, means "illegitimate child."

el oficio: Do not confuse this word with the English "office," which is *oficina* or *despacho* in Spanish. *Oficio* is "job" or "occupation," and is usually manual, that is, a "craft" or "trade."

el ratón: This is not a "rat" but a "mouse."

Vocabulario

aun even
la bondad kindness
la caridad charity
cercano nearby, neighboring
compadecerse to pity, sympathize with
la enfermedad illness
entregar to hand (over), give
la escoba broom
fiel faithful, devoted
el fraile friar, monk
la hacienda ranch, plantation, farm
la humildad humility
humilde humble
el portón gate
el remedio remedy; medicine
rezar to pray
el santo saint

Ejercicios

A. ¿Son ciertas o falsas las oraciones siguientes? Si son falsas, cámbielas para que sean ciertas.

1. La escoba es el símbolo de Martín de Porres.
2. La madre de Martín de Porres era peruana.
3. El padre de Martín era español.
4. Cuando era joven, Martín aprendió a atender a los enfermos.
5. Por su caridad Martín de Porres está representado casi siempre con una escoba.
6. Fray Martín atendía sólo a los pobres.
7. Por su humildad Fray Martín es conocido como el Padre de los Fieles.
8. El perro de Martín de Porres comía junto con un gato.
9. Según la tradición, un ratón era el compañero fiel de Martín.
10. Martín de Porres fue canonizado pocos años después de su muerte.

B. Sustituya las palabras en letra bastardilla por sinónimos de la lista siguiente.

incontables
a veces
sobre todo
indigentes
poco a poco
hay
quería
en efecto
devotos

1. Siempre *deseaba* ser el más humilde.
2. Su bondad *realmente* no tenía límites.
3. En los países del mundo hispánico y *principalmente* en el Perú hay *un sinnúmero de* devotos que rezan a San Martín de Porres.
4. Se les distribuyen escobitas pequeñas a los *fieles*.
5. Su padre visitaba a la familia *de vez en cuando*.

6. Martín entregaba a los *necesitados* el poco dinero que su madre le daba para comprar comida.

C. Give an idiomatic English translation for the following sentences.

1. Reza un sinnúmero de devotos.
2. El fraile les perdonaba el insulto.
3. A todos les daba consejos.
4. A los quince años Martín ingresó en un convento de frailes.
5. Curaba a incontables enfermos.
6. La fama de Fray Martín llegó a todos los niveles de la sociedad.

D. ¿Cuál es el infinitivo de los verbos siguientes?

1. distribuyen
2. sentía
3. incluía
4. ingresó
5. buscaba
6. atendía
7. respondía
8. mantenía
9. logró
10. comieran
11. curaba
12. puso
13. conocido
14. eligieron

E. Conteste con oraciones completas.

1. ¿Cuál es el nombre completo de Fray Martín?
2. ¿Quiénes eran los padres de Fray Martín?
3. ¿Dónde pasó Martín gran parte de su infancia?
4. ¿Era rica la familia de Martín?
5. ¿Qué hacía el chico con el dinero que le daba su madre?
6. ¿Cuál fue el primer oficio que Martín aprendió?
7. ¿Por qué es conocido Martín como el Santo de la Escoba?
8. Según la tradición, ¿qué animales comían juntos del mismo plato?
9. ¿A quiénes les daba el fraile Martín remedios y consejos?
10. ¿Cuándo fue canonizado?

Suggested Readings

Freemantle, Anne. "St. Martin de Porres (1579-1639)" in *Saints Alive: The Lives of Thirteen Heroic Saints.* Garden City, N.Y.: Doubleday, 1978.

Marbán, Edilberto. "Martín de Porres" in *El mundo iberoamericano, hombres en su historia.* New York: Regents, 1974.

Palma, Ricardo. "Fray Martin's Mice" in *The Knights of the Cape.* New York: Alfred A. Knopf, 1945.

Palma, Ricardo. "Los ratones de Fray Martín" in *Tradiciones peruanas.* Madrid: Calpe, n.d.

Zumbí con sus guerreros, escena de la película brasileña *Quilombo.*

Zumbí: héroe negro del Brasil colonial

4

La historia de la América Latina está repleta de hazañas de sus grandes héroes. En la lucha por la independencia, por ejemplo, célebres son los hechos heroicos de Simón Bolívar, Toussaint Louverture, José de San Martín[1] *y otros patriotas que, por su valor y coraje, alcanzaron fama mundial.*

La historia que sigue trata de una figura igualmente valiente que se sacrifica luchando por la libertad. Aunque este personaje no es muy conocido fuera de su país, por su singular hazaña, digna de un verdadero patriota, se destaca como uno de los grandes héroes de su pueblo.

Zumbí de Palmares es sin duda el gran héroe de los negros brasileños, pues llevó a cabo° una de las mayores tentativas de autogobierno de la raza negra fuera del continente de Africa. Fue gobernador de una república autónoma que en el siglo XVII llegó a tener° una población de cerca de veinte mil cimarrones, ocupando una región de aproximadamente veintisiete mil kilómetros cuadrados en el actual estado brasileño de Alagoas.[2]

llevó a cabo: carried out

llegó a tener: came to the point of having

No se sabe con certeza cómo se estableció el primer *quilombo*[3] (escondite para cimarrones) de la región pero, una vez iniciado, cerca de 1630, acudió al lugar gran número de esclavos escapados de las haciendas de caña de azúcar de la región. Poco a poco

[1]Known as the Liberator, *Simón Bolívar* (1783-1830) was a Venezuelan general who led the struggle that successfully freed the northern part of South America from Spanish rule. *Toussaint Louverture* (1743-1803) was one of the principal liberators of Haiti from French rule. *José de San Martín* (1778-1850) was an Argentine general who won independence for Chile and Peru.
[2]*Alagoas* is a state located in the northeastern region of Brazil.
[3]*Quilombo,* a Portuguese word of African origin, is the name given to villages set up by runaway slaves in Brazil.

se iban estableciendo otros *quilombos* en la misma zona, que era muy fértil. Allí plantaban maíz, plátano, yuca, papa, frijoles, coco y criaban animales domésticos y aves. Todos estos establecimientos constituían la República de Palmares, cuya población en el año 1643 ya ascendía a cerca de seis mil habitantes. El nombre Palmares se debía al gran número de palmas existentes en la región.

El primer rey de esta singular república fue Ganga-Zumba, que llegó a establecer° relaciones diplomáticas con los colonizadores mandando a un embajador a Recife, la capital colonial de la región, donde fue recibido con honores por el gobernador. Ganga-Zumba dirigió el destino de los palmarinos hasta 1678, cuando, al resolver hacer la paz con los colonizadores, fue preso y ejecutado por sus compañeros.

llegó a establecer: succeeded in establishing

Le sucedió Zumbí, joven guerrero que pasó a ser° el jefe indiscutible de los hombres de Palmares. Bajo la dirección de Zumbí, los ex esclavos de la república establecieron comercio con los colonos de las cercanías intercambiando sus productos agrícolas por armas, pólvora y otros objetos que les hacían falta.° Por otra parte° atacaban a los colonos que no querían establecer relaciones comerciales con ellos. A los colonos les quitaban, además de comestibles, a otros negros que iban aumentando la población de Palmares: los que no deseaban acompañar a los palmarinos eran llevados como prisioneros y mantenidos como esclavos; los que iban voluntariamente eran considerados libres.

pasó a ser: became

otros objetos... falta: other things which they needed

por otra parte: on the other hand

Los colonizadores—holandeses al principio, después portugueses—no podían conformarse con el peligro creciente° de los negros y en 1644 comenzaron a enviar expediciones militares para acabar con la República de Palmares. Las primeras expediciones, sin embargo, no tuvieron mucho éxito° porque, para garantizar la seguridad de su nación, Zumbí no sólo había organizado un ejército formidable sino también había mandado construir fortificaciones grandes.

no podían... creciente: could not resign themselves to the growing danger

no tuvieron mucho éxito: were not very successful

Durante más de cincuenta años los cimarrones, al mando de Zumbí, rechazaron sucesivas expediciones militares hasta que, en el año 1694, fueron vencidos por las tropas de Domingos Jorge Velho. Este lanzó muchos ataques contra el *quilombo* por más de un año y solamente logró la victoria sirviéndose de la artillería.° Durante esta última fase de la historia de Palmares se realizó un verdadero sitio en que el heroísmo de los negros llegó a tener proporciones de epopeya. En efecto, algunos historiadores se refieren a la guerra como la Troya Negra.

sirviéndose de la artillería: by using artillery

Antes de que la capital de Palmares fuese ocupada, sin embargo, Zumbí se escapó con un grupo de compañeros y empezó una campaña de guerrillas contra los portugueses. Un teniente suyo, no obstante, lo traicionó al enemigo revelándoles a los portugueses el escondite de Zumbí. Fue así que los colonizadores consiguieron acabar con el gran jefe negro atacándolo de sorpresa el 20 de noviembre de 1695. Según una leyenda muy conocida en el Brasil, al verse derrotado, Zumbí no quiso entregarse. Se tiró a un abismo y, en un gesto de suprema fidelidad, sus compañeros hicieron lo mismo. Todos prefirieron morir en libertad a vivir en esclavitud.[4]

El gobernador colonial mandó que la cabeza de Zumbí fuese expuesta en una plaza de la ciudad de Recife para servir de ejemplo y para aterrorizar a los negros que lo creían inmortal. El nombre de Zumbí de Palmares, a pesar de esto, ha sido inmortal, pues la vida heroica de este esclavo rebelde pasó a ser legendaria en el Brasil, donde últimamente ha aparecido como tema en el teatro, el cine y la música popular. En el Brasil hoy día se conmemora el Día de Zumbí (20 de noviembre) con conferencias, exhibiciones y otras actividades culturales y sociales. Estas conmemoraciones son casi siempre organizadas por entidades afrobrasileñas cuyos miembros ven en su gran héroe una inspiración y una esperanza para el futuro de su pueblo.

---

[4]In spite of the legendary account of *Zumbí*'s death, popular throughout Brazil today, historians now agree that he was actually taken alive by the Portuguese and decapitated on November 20, 1695.

Vista de un acto público de inauguración de un monumento a Zumbí en el sitio del *quilombo* de Palmares.

Modismos y Locuciones

a pesar de in spite of
acabar con to destroy, put an end to
al principio at first, in the beginning
de sorpresa by surprise
hacer falta to be necessary
llevar a cabo to carry out, accomplish
por otra parte on the other hand
servir de to serve as
servirse de to make use of
sin duda without doubt, certainly
tratar de to deal with (a subject)

Vocabulario

brasileño Brazilian
la campaña campaign
el cimarrón runaway slave
el colono colonist
el ejército army
el embajador ambassador
entregarse to surrender, give up
enviar to send
escaparse to escape
el escondite hiding place
el establecimiento settlement
el gobernador governor
lanzar to launch
lograr to accomplish
mandar to send; to order
rechazar to repel, drive back
la seguridad safety, security
el sitio siege; site, location
traicionar to betray
la tropa troop

Palabras Engañosas

actual: This does not mean "actual," but "present" or "current." The idea of English "actual" is expressed by *real* or *verdadero.*

conferencia: This word can mean "conference," but the more frequent meaning is "lecture," "talk," "speech."

éxito: This is never "exit," but "success." *Tener éxito* means "to be successful." "Exit" is *salida.*

guerrilla: This, the diminutive of *guerra* ("war"), denotes the surprise, brief skirmish typical of what is nowadays known as guerrilla warfare.

realizar: Do not use this word in the usual sense of "realize." *Realizar* means "to carry out."

Ejercicios

A. ¿Son ciertas o falsas las oraciones siguientes? Si son falsas, cámbielas para que sean ciertas.

1. El primer jefe de Palmares se llamaba Zumbí.
2. Los palmarinos se habían escapado de las haciendas de café.
3. Ganga-Zumba estableció relaciones diplomáticas con los colonizadores.
4. Había relaciones comerciales entre los palmarinos y los colonos.
5. Los palmarinos fueron atacados por los españoles y los portugueses.
6. Al resolver hacer la paz con los colonizadores, Zumbí fue ejecutado por sus compañeros.
7. La vida de Zumbí pasó a ser legendaria.
8. Zumbí fue traicionado por su teniente portugués.
9. Los compañeros de Zumbí se entregaron a los portugueses.
10. Hoy día Zumbí es una figura histórica de poca importancia.

B. Sustituya las palabras en letra bastardilla por sinónimos de la lista siguiente.

servir de	obtuvieron	con certeza
usando	se entregó	zona
sin embargo	envió	destruir

1. Zumbí es *sin duda* uno de los grandes héroes del Brasil.
2. El nombre Palmares se debía al gran número de palmas existentes en la *región.*
3. Ganga-Zumba *mandó* a un embajador a la capital colonial.
4. Los colonizadores enviaron expediciones militares para *acabar con* la República de Palmares.
5. Los portugueses *lograron* la victoria sirviéndose de la artillería.
6. Un teniente suyo, *no obstante,* lo traicionó al enemigo.

C. Emplee las expresiones siguientes en oraciones originales.

1. servir de
2. servirse de
3. poco a poco
4. acabar con
5. hacer falta
6. llevar a cabo
7. sin duda
8. sin embargo

D. ¿Cuál es el infinitivo de los verbos siguientes?

1. iniciado
2. criaban
3. sucedió
4. expuesto
5. iban
6. refieren
7. consiguieron
8. quiso
9. prefirieron
10. creían

E. Conteste con oraciones completas.

1. ¿Qué es un cimarrón?
2. ¿Dónde se estableció la República de Palmares?
3. ¿Quién fue Ganga-Zumba?
4. ¿Cómo estableció Ganga-Zumba relaciones diplomáticas con los colonos?
5. ¿Por qué fue ejecutado Ganga-Zumba?
6. ¿Quién fue Zumbí?
7. ¿Cómo establecieron los cimarrones comercio con los colonos?
8. ¿Cuántos años duró la guerra contra la República de Palmares?
9. ¿Cómo consiguieron los portugueses acabar con Zumbí?
10. ¿Quién mató a Zumbí?
11. ¿Por qué fue expuesta su cabeza en una plaza?
12. ¿Cómo se conmemora el Día de Zumbí hoy día en el Brasil?
13. ¿Qué lengua se habla en el Brasil?

Suggested Readings

Irwin, Graham W. "The Quilombo of Palmares" in *Africans Abroad.* New York: Columbia University Press, 1977.

Kent, R.K. "Palmares: An African State in Brazil" in *Maroon Societies: Rebel Slave Communities in the Americas* (ed. by Richard Price). Baltimore: Johns Hopkins University Press, 1979.

Mackley, Robert L. and Adela Martínez-Santiago. "Carabalí" in *Leyendas de Puerto Rico.* Lincolnwood, Illinois: National Textbook Company, 1982.

Ramos, Arthur. "The Negro Republic of Palmares" in *The Negro in Brazil* (translated by Richard Pattee). Washington, D.C.: Associated Publishers, 1981.

Foto superior: Haitianos típicos de una región rural de la isla.
Foto inferior: Una escena de la ciudad de Puerto Príncipe, capital de Haití.

Haití: pueblo singular de Latinoamérica

5

En el Mar Caribe, entre Cuba y Puerto Rico, hay una isla muy bella en donde se encuentran dos naciones completamente distintas. La región oriental de esa isla está ocupada por la República Dominicana, país de lengua española. Un tercio de la isla, la región occidental, se llama Haití, país en que el francés es la lengua oficial. Aunque por su pasado colonial francés y su distinto desarrollo cultural Haití no es un país hispanoamericano, esta pequeña nación forma una parte singular de la América Latina. Es un país muy interesante por su historia, por su cultura y por su arte.

Epoca colonial e independencia

Durante su primer viaje al Nuevo Mundo, mientras navegaba por el Mar Caribe, Colón llegó a una bella isla montañosa el 5 de diciembre de 1492. Como el paisaje, con sus bellezas naturales, le hizo a Colón recordar° los montes y valles de Castilla, el Almirante dio a la isla el nombre de la Española.

le hizo a Colón recordar: reminded Columbus

En esa época, la isla estaba poblada de indios arahuacos. Estos fueron obligados a trabajar como esclavos para los españoles que poco después llegaron en busca de oro. Con la labor de las minas y el trabajo de los campos, además de las epidemias traídas de Europa, la población indígena se redujo inmensamente.

Durante el siglo XVII poco a poco los aventureros y bucaneros franceses se establecieron en varios puntos de la región occidental de la Española. En 1697 España cedió el dominio de esa parte de la isla a Francia, dando así origen° a la colonia francesa de *Saint Domingue* o sea°, Santo Domingo.

dando así origen: thus giving rise to

o sea: that is to say

Santo Domingo gozaba de una gran prosperidad en el siglo XVIII. Con el cultivo de caña de azúcar,

llegó a ser: became

algodón y café llegó a ser° una de las colonias más ricas de Francia. Para realizar el trabajo en las fincas, la colonia importó esclavos de Africa. Tantos eran los que llegaron de Africa que pocos años después la mayoría de la población de Santo Domingo era de origen africano.

Con la Revolución Francesa de 1789, los principios de la libertad y la igualdad agitaron muchísimo a la población de Santo Domingo. En efecto, en una de las luchas más gloriosas de la historia los esclavos se rebelaron y expulsaron a los ejércitos de Napoleón. En esta ardua lucha se destacaron los héroes negros Toussaint Louverture, Pétion, Dessalines y Christophe.

El 1° de enero de 1804 se proclamó la independencia del país, dándole el nombre indígena Haití, que significa tierra montañosa. Así, después de los Estados Unidos, Haití fue la segunda nación del Nuevo Mundo que conquistó su independencia y a la vez la primera república negra del mundo.

Epoca contemporánea

Hoy día Haití, con más de cinco millones de habitantes, es uno de los países más pobres del mundo. La población, esencialmente de origen africano, se compone de noventa por ciento de negros y diez por ciento de mulatos. La mayor parte de los haitianos tienen un nivel de educación muy bajo y viven en condiciones de miseria. Aunque el idioma oficial es el francés, sólo una minoría—la clase educada—llega a dominarlo° bien. La lengua que hablan todos los haitianos, sin embargo, es el criollo, idioma derivado del francés antiguo y de las lenguas habladas por sus antepasados africanos.

llega a dominarlo: succeeds in mastering it

La base de la economía de Haití es la agricultura. La caña de azúcar constituye uno de los productos principales del país, así como el tabaco, el café y el cacao. Como la agricultura no es suficiente para mantener a la población, recientemente se ha puesto un interés especial° en la creación de industrias a fin de desarrollar económicamente el país y así mejorar el nivel de vida del pueblo.

se ha...especial: special interest has been placed

Un elemento esencial de la vida diaria del haitiano es el mercado. Desde muy lejos muchas personas—principalmente mujeres—llevan sus mercancías al mercado donde pasan el día charlando y vendiendo. El mercado haitiano, sea° dentro de un edificio o al aire libre, es un lugar de mucha animación y colorido donde alternan los productos agrícolas del país con una variedad de artículos importados. El conjunto es por lo general impresionante y pintoresco.

sea: whether

Aunque existe una gran influencia africana en casi todos los aspectos de la cultura haitiana, es muy evidente el legado africano en la música y el folklore. El ritmo del merengue—la danza nacional—, las canciones populares, los carnavales y otras fiestas tradicionales del pueblo son manifestaciones típicas de ese legado cultural. La verdadera alma de Haití, sin embargo, es el vudú, antigua religión de origen africano. El vudú, con sus ritos, símbolos, música, canciones, danzas y leyendas, constituye, en efecto, una de las manifestaciones más auténticas de cultura africana que se puedan encontrar en el Nuevo Mundo.

Movimiento artístico

Otra manifestación importante de la cultura de Haití es el gran movimiento artístico, resultado del renacimiento de las bellas artes que comenzó hace cuarenta años. Hoy día el centro de Puerto Príncipe, capital del país, parece un gran mercado de arte. A lo largo de las aceras y en las plazas, los vendedores exhiben una variedad extraordinaria de cuadros llenos de colorido. El genio artístico popular del país se refleja además en los vehículos públicos que por fuera están pintados con dibujos curiosos. Por todas partes hay galerías de arte en las cuales se puede no sólo apreciar sino también comprar° lo mejor de la producción artística del país.

no sólo...comprar: not only appreciate but also purchase

En Haití hay actualmente más de 800 artistas entre los cuales se distinguen muchos pintores de gran mérito. Autodidactos en su mayoría, esos artistas se expresan en general en el llamado estilo primitivo. Inspirados en los temas de la vida diaria, pintan escenas rurales, cuadros de las fiestas folklóricas típicas y, además, las ceremonias del vudú. Los asuntos de la historia nacional sirven también de inspiración a varios pintores.

Entre los artistas más conocidos figura Philomé Obin, que a los noventa años todavía continúa pintando y enseñando sus técnicas a los jóvenes alumnos que se reúnen diariamente en su casa. Obin y otros artistas haitianos gozan de gran renombre y sus obras se conocen y se venden en el mundo entero. En efecto, esos artistas han convertido a su pequeño país en uno de los grandes centros de arte de toda la América Latina.

Modismos y Locuciones

a la vez at the same time
a lo largo de along
a fin de in order to
al aire libre in the open air, outdoors
así como as well as
en busca de in search of
por fuera on the outside
por todas partes everywhere

Palabras Engañosas

distinto: This is the usual word for "different," although *diferente* is used also.

dominar: In the context of this lesson, *dominar* means "to master" (a language or subject).

la miseria: This word often means "extreme poverty," as is the case in this lesson. *Miseria* can be used to mean "misery" as well.

singular: In this lesson this word means "singular" in the sense of "unique."

Vocabulario

la acera sidewalk
el antepasado ancestor
el asunto subject
el conjunto whole, entirety
el cuadro picture, painting
charlar to chat
desarrollar to develop
el desarrollo development
destacarse to stand out, be outstanding
el dibujo picture, drawing
el ejército army
establecerse to settle
la finca farm
gozar de to enjoy
el legado legacy
la lucha struggle
la mayor parte most
la mayoría majority
mejorar to improve
el mercado market
la mercancía wares, merchandise
la minoría minority
navegar to sail
el paisaje landscape
el ritmo rhythm
servir de to serve as, to be used as
el tema theme

Ejercicios

A. ¿Son ciertas o falsas las oraciones siguientes? Si son falsas, cámbielas para que sean ciertas.

1. La Republica Dominicana ocupa dos tercios de la isla de la Española.
2. Haití es un país hispanoamericano.
3. Haití es un país latinoamericano.
4. El francés es la lengua oficial de la República Dominicana.
5. Cuando Colón llegó a la Española vivían indios en la isla.
6. Los primeros españoles que llegaron a la isla buscaban café y azúcar.
7. Los arahuacos llegaron en busca de oro.
8. En 1697 España cedió la región occidental de la isla a Francia.
9. Haití es una palabra africana que significa tierra montañosa.
10. La mayor parte de la población actual de Haití es de origen africano.
11. Por lo general los haitianos hablan francés.
12. La industria es un elemento esencial de la vida de los haitianos.
13. La influencia africana es evidente en muchos aspectos de la vida de los haitianos.
14. Se encuentran muchas galerías de arte en Puerto Príncipe.
15. Haití es uno de los centros industriales más ricos de toda la América Latina.

B. Sustituya las palabras en letra bastardilla por sinónimos de la lista siguiente y haga los cambios gramaticales necesarios.

lengua	mucho	seguir
lugar	tema	famoso
mayoría	traer	actualmente
formar	constituir	mayor parte
también	pasar	por lo general

1. La población indígena se redujo *inmensamente.*
2. La *mayoría* de la población de Santo Domingo era de origen africano.
3. En 1697 España *cedió* el dominio de esa parte de la isla a Francia.
4. Un tercio de la isla, la región occidental, *forma* Haití.
5. Los aventureros franceses se establecieron en varios *puntos* de la región occidental de la Española.
6. La *mayor parte* de los haitianos tienen un nivel de vida muy bajo.
7. El *idioma* oficial es el francés.
8. El vudú *constituye*, en efecto, una de las manifestaciones más auténticas de cultura africana del Nuevo Mundo.
9. El genio artístico popular del país se refleja *además* en los vehículos públicos.
10. *Hoy día* el centro de Puerto Príncipe parece un gran mercado de arte.
11. Los *asuntos* de la historia nacional sirven también de inspiración.
12. Entre los artistas más *conocidos* figura Philomé Obin, que a los noventa años continúa pintando.
13. Esos artistas se expresan *en general* en el llamado estilo primitivo.
14. Para realizar el trabajo en las fincas, la colonia *importó* esclavos de Africa.

C. Emplee las expresiones siguientes en oraciones originales.

1. por todas partes
2. hoy día
3. no sólo...sino también
4. sin embargo
5. por lo general
6. así como
7. poco a poco
8. a fin de

D. ¿Cuál es el infinitivo de los verbos siguientes?

1. hizo
2. cedió
3. constituye
4. pueda
5. reúnen
6. expulsaron
7. redujo
8. conquistó
9. puesto
10. sirven
11. descubrió
12. era

E. Conteste con oraciones completas.

1. ¿Dónde está la Española?
2. ¿Cuáles son los países que se encuentran en la Española?
3. ¿Qué proporción de la isla ocupa la República Dominicana?
4. ¿Qué región de la isla le corresponde a Haití?
5. ¿Cuándo llegó Colón a la isla?
6. ¿Quiénes eran los arahuacos?
7. ¿Por qué fueron los primeros españoles a la Española?
8. ¿En qué región de la isla se establecieron los franceses?
9. ¿Para qué importaron esclavos los franceses?
10. ¿De dónde los importaron?
11. ¿Quiénes son los grandes héroes de Haití?
12. ¿Cuándo se proclamó la independencia del país?
13. ¿Cuál es la lengua oficial de Haití? ¿Quiénes la hablan?
14. ¿Qué lengua hablan todos los haitianos?
15. ¿Por qué es necesario crear industrias en Haití?
16. ¿Cómo es el mercado haitiano?
17. ¿En qué aspectos de la vida de los haitianos es evidente la influencia africana?
18. ¿Qué es el vudú?
19. ¿Por qué parece un mercado de arte el centro de Puerto Príncipe?
20. ¿Quién es Philomé Obin?

Suggested Readings

Arciniegas, Germán. "Haití en blanco y negro" in *Latinoamérica, el continente de siete colores*. New York: Harcourt, Brace, and World, 1967.

"Imagen de Haití" in *Américas*, 24, No. 3 (marzo de 1972), S1-S24.

Marbán, Edilberto. "La Española: Haití y la República Dominicana" in *El mundo iberoamericano, sus pueblos y sus tierras*. New York: Regents, 1974.

Patterson, Carolyn Bennett. "Haiti: Beyond Mountains, More Mountains" in *National Geographic*, 149, No. 1 (January, 1976), 70-97.

Rodman, Selden. *Haiti: The Black Republic.* Old Greenwich, Connecticut: Devin-Adair, 1985.

Stebich, Ute. *Haitian Art.* New York: The Brooklyn Museum, 1978.

Monumento al Negrillo del Pastoreo en la ciudad de Porto Alegre, Brasil.

El Negrillo del Pastoreo: leyenda sudamericana

6

En la tierra del gaucho,[1] principalmente en esas grandes extensiones de praderas que caracterizan el Uruguay y el extremo sur del Brasil, al perder° algo en el campo los habitantes suelen ofrecerle una vela a un chiquillo negro, rogándole que les ayude a recuperar el objeto perdido. Dicen que, por más escondido que esté lo perdido,° el negrillo no deja de encontrarlo.°

¿Quién es el chiquillo y por qué se le piden cosas perdidas? Esto nos lo revela una conocidísima leyenda de la región.

al perder: on losing

por más... perdido: no matter how hidden the lost object may be

no deja de encontrarlo: does not fail to find it

Hace mucho tiempo había un estanciero muy rico que era muy malo con sus esclavos. Entre los numerosos esclavos de que era amo y señor, había un chico bien negro de unos trece o catorce años, a quien todos llamaban sencillamente el Negrillo. Como no tenía ni nombre ni padrinos, se decía que el Negrillo era ahijado de la Virgen María, madrina de quien no la tiene.°

Todas las madrugadas el Negrillo montaba su caballo predilecto y salía a pastorear la tropilla° de su patrón. Cierto día el estanciero, diciendo que su caballo era el más veloz de la región, desafió a un vecino a una carrera. Apostó gran cantidad de dinero y mandó al Negrillo que montara el caballo. Y sucedió que casi al final de la carrera, cuando el esclavito estaba para ganar,° el caballo se asustó y perdió la carrera.

El estanciero se enojó mucho por haber perdido la apuesta y le echó toda la culpa al Negrillo.° Tan pronto llegaron a casa mandó atar al esclavo° por las

madrina... tiene: the godmother of those who have none

pastorear la tropilla: to tend the herd of horses (in a pasture)

estaba para ganar: was about to win

le echó... Negrillo: blamed the little black boy completely

mandó atar al esclavo: had the slave tied

[1]Gaucho is the name given to the cowboy of the southern plains of South America.

muñecas a un poste y le dio varios azotes. Al día siguiente, de madrugada, le dio como castigo la tarea de cuidar una tropilla de treinta caballos en un lugar distante y solitario. Muy temeroso y con el cuerpo dolorido, el esclavito se puso a llorar° mientras los caballos pastaban. Llegó la noche y aparecieron las lechuzas, que ululando y revoloteando en la oscuridad, miraban al chico con ojos relucientes. El Negrillo temblaba de miedo, pero de repente pensó en su madrina y, sosegándose, se durmió.

se puso a llorar: began to cry

Durante la noche los caballos se espantaron y huyeron del lugar, dispersándose por el campo. Al abrir los ojos el Negrillo se encontró inesperadamente con su amo que tenía un látigo en la mano y lo contemplaba con rostro iracundo.

—¿Qué has hecho de los caballos, negro?—le preguntó el estanciero.

—¿Quién te manda dormirte y descuidarme así los caballos?°

y descuidarme así los caballos: and neglect my horses in this way

El Negrillo se puso de pie° y con tono desesperado le contestó:

se puso de pie: stood up

—¡Amito mío! Perdóneme usted por esta vez, que no lo volveré a hacer más.° Yo buscaré los caballos ahora y daré con todos ellos.

no lo... más: I won't do it again

Sin embargo el estanciero furioso nada oía. Volvió a atar° al Negrillo a un poste y lo azotó nuevamente. Cuando ya era noche cerrada,° lo mandó a buscar los caballos perdidos. Llorando y gimiendo, el Negrillo pensó en su madrina y fue al oratorio de la casa, tomó la vela encendida que estaba delante de la imagen y salió al campo.

volvió a atar: he tied again

noche cerrada: the dead of night

Por donde el Negrillo pasaba la vela goteaba cera en el suelo y de cada gota nacía una nueva luz. Pronto hubo tantas luces que el campo se iluminó como el día. Comenzaron entonces a cantar los gallos y los caballos fueron apareciendo uno a uno.° Al ver su caballo favorito, el Negrillo sonrió, lo montó en seguida y llevó la tropilla al lugar que el estanciero le había indicado. Después se acostó en el suelo e inmediatamente todas las luces se apagaron.

fueron apareciendo uno a uno: appeared one by one

Entre gemidos de dolor, no tardó mucho en

quedarse profundamente dormido. Entonces sucedió que por la madrugada volvieron a huir los caballos y el Negrillo se enfrentó nuevamente con la cólera de su amo. Este, al ver su tropilla perdida todavía, se enfureció aún más y exclamó con voz de trueno:

—¡Ahora me las vas a pagar de una vez por todas! °

¡Ahora... todas!: Now you're going to pay me for all of this once and for all!

Mandó atar otra vez al Negrillo al poste y lo azotó nuevamente sin piedad hasta hacerlo sangrar. El pequeño esclavo, no pudiendo aguantar tanto castigo, imploró a su madrina y exhaló su último suspiro. El estanciero echó el cuerpo desnudo del Negrillo a un hormiguero cercano para que las hormigas lo devoraran. Cuando vio el cuerpecito inmóvil cubierto de millares de hormigas, el miserable se alejó sin volver la mirada. °

sin volver la mirada: without looking back

Pasaron tres días sin que el estanciero pudiera encontrar rastro alguno° de la tropilla. Fue entonces hasta el hormiguero a ver lo que quedaba° del Negrillo. Con gran sorpresa vio al esclavito desnudo y sonriente de pie sobre el hormiguero. Cerca de él estaba la tropilla entera y, serena y llena de luz, estaba la madrina. Ante semejante milagro el amo cayó de rodillas a los pies del esclavo, quien de un salto montó su caballo predilecto, besó la mano de su madrina y se llevó la tropilla a galope. °

rastro alguno: (not) a single trace

lo que quedaba: what remained

se llevó... galope: galloped off taking the herd with him

Por la vecindad corrió la noticia de la horrible muerte del esclavito, devorado por las hormigas. Sin embargo, poco después de ocurrido ese hecho° se oyeron comentarios de que, por la noche varios gauchos y otros habitantes de la pradera habían visto pasar velozmente a un chiquillo negro y desnudo montado a caballo, seguido de una tropilla.

poco... hecho: a while after this event took place

De ahí en adelante,° los habitantes de la región creen que el esclavito anda siempre por el campo en busca de objetos extraviados. Así, de noche es común ver llamas relucientes de velas por las praderas, pues, a través de los años es costumbre, para recuperar animales o cosas perdidas por el campo, ofrecerle velas al Negrillo del Pastoreo.

de ahí en adelante: from that time on

Modismos y Locuciones

a través de through
al día siguiente on the next day
dar con to find
de madrugada at daybreak
de pie standing
de repente suddenly
de rodillas on one's knees
de un salto in a leap
echar la culpa to blame
en seguida immediately
encontrarse con to meet
enfrentarse con to face
estar para to be about to
montar a caballo to ride horseback
ni...ni neither...nor
no dejar de not to fail to
ponerse a to begin to
ponerse de pie to stand up
volver a to do again

Palabras Engañosas

la llama: In the context of this lesson, *llama* is not an animal, but a "flame."

la noticia: Do not confuse this word with "notice." *Noticia* denotes "news"; "notice" should be translated by *aviso*.

el oratorio: The *oratorio* of this lesson refers not to a musical composition, but to an "oratory," that is, a place of prayer, as a chapel or a small shrine.

el patrón: Although this word can denote a "patron" or "patron saint," it is also used to designate "master" or "boss," which is the case implied in this lesson.

Vocabulario

el amo master
asustarse to be frightened
atar to tie, bind
azotar to whip
el azote lashing
la carrera race
el castigo punishment
cuidar to care for, look after
dormirse to fall asleep
enojarse to become angry
espantarse to be frightened
el estanciero rancher
el gallo rooster
la hormiga ant
el hormiguero anthill
el látigo whip
la lechuza owl
la madrina godmother
el milagro miracle
pastar to graze, pasture

pastorear to tend; to pasture
el pastoreo pasture, grassland
la pradera prairie
soler to have the custom of
la tropilla herd of horses
la vela candle
veloz fast, swift

Ejercicios

A. ¿Son ciertas o falsas las oraciones siguientes? Si son falsas, cámbielas para que sean ciertas.

1. El esclavito se llamaba Negrillo porque no tenía nombre.
2. El Negrillo no ganó la carrera porque se asustó.
3. El Negrillo salía a pastorear la tropilla de su patrón por las tardes.
4. El estanciero se enojó aunque no perdió mucho dinero.
5. Cuando el estanciero se enojó le dio varios azotes a su caballo.
6. Por la noche las lechuzas miraban al Negrillo con ojos relucientes.
7. De repente el Negrillo se durmió y soñó con su madrina.
8. El Negrillo descuidó la tropilla de caballos al dormirse.
9. Al despertarse el chico se encontró con su amo que tenía un látigo en la mano.
10. El amo prometió encontrar todos los caballos perdidos.
11. Con la vela del oratorio el Negrillo encontró todos los caballos perdidos.
12. Cuando se iluminó el campo los gallos se pusieron a cantar.
13. El estanciero azotó tres veces al Negrillo por haber perdido los caballos.
14. El pequeño esclavo, no pudiendo aguantar tanto castigo, pidió perdón a su amo y después murió.
15. Se cree que el Negrillo anda por la pradera en busca de cosas perdidas.

B. Sustituya las palabras en letra bastardilla por sinónimos de la lista siguiente.

región	aparecía	rápidamente
solía	nuevamente	en seguida
asustaron	encontraré	encontrar
favorito	enojó	comenzó

1. El chiquillo *se puso* a llorar.
2. La vela goteaba cera en el suelo y de cada gota *nacía* una nueva luz.

3. *Inmediatamente* todas las luces se apagaron.
4. Los caballos se *espantaron* y huyeron.
5. Por la *vecindad* corrió la noticia de la muerte del esclavito.
6. Varios gauchos habían visto pasar *velozmente* al Negrillo montado a caballo.
7. Yo buscaré los caballos y *daré con* todos ellos.
8. El estanciero mandó atar *otra vez* al Negrillo al poste.
9. De un salto el chiquillo montó su caballo *predilecto*.
10. Se cree que el Negrillo no deja de *recuperar* los objetos perdidos.

C. Para cada palabra de la primera columna escoja un sinónimo.

1. numerosos
2. amo
3. chico
4. favorito
5. rápido
6. enojarse
7. nuevamente
8. devorado
9. rogar
10. perdido

a. otra vez
b. pedir
c. castigo
d. muchos
e. enfurecerse
f. patrón
g. comido
h. muchacho
i. extraviado
j. predilecto
k. veloz

D. ¿Cuál es el infinitivo de los verbos siguientes?

1. durmió
2. cayó
3. oyeron
4. sonrió
5. huyeron
6. oía
7. gimiendo
8. hubo
9. apostó
10. imploró
11. diciendo
12. visto

E. Give an idiomatic English translation for the following sentences.

1. Por donde el Negrillo pasaba la vela goteaba cera en el suelo y de cada gota nacía una nueva luz.
2. Pronto hubo tantas luces que el campo se iluminó como el día.
3. Mandó atar otra vez al Negrillo al poste y lo azotó nuevamente hasta hacerlo sangrar.
4. Ante semejante milagro el amo cayó de rodillas a los pies del esclavo.
5. Por la vecindad corrió la noticia de la horrible muerte del esclavito, devorado por las hormigas.

F. Conteste con oraciones completas.

1. ¿Quién era el Negrillo?
2. ¿Por qué se llamaba así?
3. ¿Por qué se decía que el Negrillo era ahijado de la Virgen?
4. ¿Por qué no ganó el esclavito la carrera?
5. ¿Cómo castigó al Negrillo el estanciero?
6. ¿Por qué volvió a castigarlo?
7. ¿De qué manera consiguió el esclavito encontrar la tropilla?
8. ¿Por qué el amo echó el cuerpo del Negrillo a un hormiguero?
9. ¿Cuál fue el milagro y cuál fue la reacción del estanciero al verlo?
10. ¿Qué cosa extraña vieron varios gauchos por la noche?
11. ¿Qué hacen los habitantes de la región al perder algo en el campo?

Estampilla brasileña con la figura del Negrillo del Pastoreo.

Devota vestida de Ochún en una fiesta religiosa brasileña.

Fiesta de Ochún en Miami

7

Entre los aportes culturales traídos al Nuevo Mundo por los colonizadores, el catolicismo, impuesto desde el momento inicial del descubrimiento en el siglo XV, desempeña un papel importantísimo, siendo actualmente la religión oficial o la predominante en todas las naciones de la América Latina.

Dentro de la unidad religiosa de la región, sin embargo, hay manifestaciones rituales tan distintas como los propios pueblos que forman el mundo latinoamericano. En México, Bolivia y el Perú, por ejemplo, se ven muchas costumbres que reflejan una mezcla de las creencias católicas y las de los indígenas, pues el culto católico, impuesto por los españoles, fue modificado por los indios de esos países. En las islas antillanas—Cuba, Haití, Puerto Rico—en el Brasil y dondequiera que existan grandes concentraciones de gente de esos países se observa una fusión de la fe católica y varias creencias religiosas africanas, de la cual resultan ritos y festejos singulares.

Son las seis de la tarde del 7 de septiembre, víspera del día de la Virgen de la Caridad, patrona de Cuba. Como todos los años, en casa de los señores Rodríguez hay mucha animación mientras se terminan los preparativos para la fiesta. La Sra. Rodríguez, que quiere estar segura de que todo marcha bien, ha arreglado bien la casa y, con la ayuda de unas comadres, ya está preparando una comida riquísima: guiso de camarones, frijoles negros y arroz amarillo. En el patio, los músicos están ensayando y afinando los instrumentos: tambores y agogó.[1]

Desde hace quince años los señores Rodríguez, dueños de una de las botánicas[2] más conocidas de Miami, conmemoran en su casa la fiesta de su patrona. Ahí acuden anualmente amigos, parientes, vecinos y conocidos a venerar a la Santa. Durante todo el año, entre hierbas medicinales, inciensos, amuletos, velas de todos los colores y folletos religiosos, la imagen de la Virgen parece vigilar, desde un nicho elevado, todas las actividades de la botánica.

Hoy, sin embargo, la imagen se encuentra en un altarcito en la engalanada sala de los Rodríguez. En la decoración festiva abundan las flores amarillas, lazos de cintas doradas y velas anaranjadas. Hay, además, un platillo para las limosnas. Media hora después la casa se encuentra repleta de gente. Depositadas alrededor del altar están las ofrendas preferidas de la Santa: flores, velas, frascos de miel, frutas, unos platos de capuchinos[3] y algunas limosnas. Una vez que a la Sra. Rodríguez le parece que ha llegado gente suficiente para comenzar la fiesta ella dirige unas cuantas oraciones, tocando de vez en cuando una campanita de cobre. Mientras tanto la puerta de la casa se abre constantemente a medida que llegan más devotos. Terminados los rezos, el conjunto comienza a tocar unos ritmos africanos y los asistentes se ponen a cantar y a bailar, formando una rueda° ante el altar. Durante más de media hora da vueltas la rueda y la Sra. Rodríguez, bailando en el centro, todavía preside llevando la voz en los estribillos° que se refieren a la Santa e invocando el nombre de Ochún.

formando una rueda: forming a circle

llevando... estribillos: leading (the singing of) refrains

¿Por qué a la patrona de Cuba se le venera de tal manera, sin la solemnidad que se observa en la

---

[1]*agogó:* an instrument formed of two or three steel bells of different sizes played with a steel rod.

[2]*botánica:* a shop specializing in the sale of amulets and herbal remedies as well as such religious items as images of saints, votive candles, and incense.

[3]*capuchinos:* small, conical sweetcakes

mayoría de las fiestas religiosas del mundo latino? ¿Por qué predomina lo amarillo en la decoración festiva y por qué entre las ofrendas figuran frascos de miel? ¿Quién es la tal Ochún cuyo nombre tanto se invoca durante la ceremonia?

Muchas costumbres religiosas de Cuba son resultado de un sincretismo, o sea, de una mezcla de las creencias cristianas y las religiones africanas traídas a la isla por los esclavos. Estos, trasladados a Cuba, seguían creyendo en una serie de deidades ligadas a los fenómenos de la naturaleza: Changó, dios del trueno; Babalú-Ayé, dios de las enfermedades; Ochún, diosa de los ríos y del amor; Yemayá, reina del mar. Obligados por los colonizadores a aceptar el catolicismo, los esclavos pudieron mantener las antiguas tradiciones de sus antepasados africanos identificando a esas deidades con los santos cristianos. Así, pues, se dio origen al culto afrocubano actualmente denominado santería, cuyas prácticas y creencias, debido a los muchos años de convivencia de los esclavos y los otros habitantes de la isla, constituyen hoy día un elemento muy importante de la vida de gran parte de la población cubana.

Se trata, de hecho, de costumbres religiosas que demuestran, tal vez más que nada, lo sincrético de una cultura que es, como el propio pueblo cubano, mulata, es decir, mezcla de lo africano y lo español. En estos ritos los santos son invocados tanto por sus nombres cristianos como por sus denominaciones africanas. Así, Santa Bárbara es conocida como Changó; San Lázaro, como Babalú-Ayé y la Virgen de la Caridad, como Ochún. Según la tradición, cada dios africano tiene un color que lo representa simbólicamente. El rojo, por ejemplo, es el color de Changó y el amarillo, el de Ochún. Por consiguiente, en la fiesta de cada santo predomina el color simbólico de la deidad con la cual se le identifica.

Se atribuyen a las deidades, además, varias características humanas. Ochún, por ejemplo, es presumida y generosa. Como es diosa de las cosas dulces y bellas de la vida, la miel es uno de sus platos preferidos. Diosa, además, de la alegría, Ochún es muy fiestera, aficionadísima a la música y al baile. Por tanto naturalmente la diosa desea que en su día haya regocijo y que en su fiesta sus devotos se diviertan cantando y bailando.

Así es que hoy, víspera del día de la Virgen de la Caridad, se venera a la patrona de Cuba bailando los antiguos ritmos de la fiesta de Ochún. En Miami—centro importantísimo de población cubana—,en casa de los Rodríguez se conservan intactas las tradiciones religiosas cubanas, antiguas costumbres sincréticas de una cultura esencialmente mulata, mezcla de lo africano y lo español.

Modismos y Locuciones

a medida que as, while
aficionado a fond of
así es que and so
dar vueltas to turn, go around
de hecho in fact, actually
debido a due to
desempeñar un papel to play a role
mientras tanto meanwhile, in the meantime
por consiguiente consequently, therefore
por tanto therefore
tal vez perhaps
tratarse de to be a question of
una vez que once, after
unos cuantos a few

Palabras Engañosas

asistente: This word usually refers to a person present at an activity or event. An "assistant" is normally translated as *un ayudante.*

parientes: You will cause confusion if you speak of your parents as *parientes,* for this word means "family relatives." Translate "parents" by *padres.*

Vocabulario

acudir to attend; to go, come
el conjunto small group of musicians
la costumbre custom
la creencia belief
el culto religion; worship

la diosa goddess
el dueño owner
la fe faith
la limosna alms
la mezcla mixture
la miel honey
la ofrenda religious offering, gift
la oración prayer
el patrón, la patrona patron saint
referirse to refer
rezar to pray
el rezo prayer
la vela candle
la víspera eve, the day before

Ejercicios

A. ¿Son ciertas o falsas las oraciones siguientes? Si son falsas, cámbielas para que sean ciertas.

1. El 8 de septiembre es el día de la patrona de Cuba.
2. Los señores Rodríguez son propietarios de una botánica en Cuba.
3. Una imagen de la Virgen de la Caridad se encuentra en la botánica de los Rodríguez durante todo el año.
4. El rojo es el color simbólico de Ochún.
5. La Sra. Rodríguez comienza la fiesta dirigiendo algunos rezos.
6. La santería es una manifestación del sincretismo religioso de Cuba.
7. En los ritos de santería los santos son invocados por sus nombres africanos.
8. A Ochún, diosa del mar, le gustan las cosas dulces y la música.
9. Miami es un centro muy importante de población cubana.
10. En la fiesta de Ochún se mezclan las tradiciones cristianas y las de los indios.
11. Los señores Rodríguez celebran todos los años la fiesta de Ochún.
12. Durante la fiesta el conjunto de músicos baila ante el altar.

B. Emplee las expresiones siguientes en oraciones originales.

de hecho	dar vueltas	unos cuantos
a medida que	debido a	desempeñar un papel

C. Sustituya las palabras en letra bastardilla por sinónimos de la lista siguiente y haga los cambios gramaticales necesarios.

no obstante	de esta manera	constituyen
favoritas	nombres	dirige

mezcla	cultos	empiezan
rezos	realmente	colocadas
ande	llamado	fe

1. Hay manifestaciones rituales tan distintas como los propios pueblos que *forman* el mundo latinoamericano.
2. El *culto* católico, impuesto por los españoles, fue modificado por los indios de esos países.
3. Se trata, *de hecho*, de costumbres religiosas que demuestran lo sincrético de la cultura cubana.
4. En estos ritos los santos son invocados por sus *denominaciones* africanas.
5. La Sra. Rodríguez todavía *preside* llevando la voz en los estribillos.
6. Los asistentes *se ponen* a cantar y a bailar.
7. La Sra. Rodríguez dirige unas cuantas *oraciones*.
8. Así, pues, se dio origen al culto afrocubano *denominado* santería.
9. Depositadas alrededor del altar están las ofrendas *preferidas* de la Santa.
10. En esos países se ve una fusión de la fe católica y varias *religiones* africanas.
11. La Sra. Rodríguez quiere estar segura de que todo *marche* bien.
12. Hoy, *sin embargo*, la imagen se encuentra en un altarcito en la engalanada sala de los Rodríguez.

D. Give an idiomatic English translation for the following sentences.

1. Desde hace quince años los señores Rodríguez conmemoran en su casa la fiesta de su patrona.
2. Terminados los rezos, el conjunto comienza a tocar unos ritmos africanos y los asistentes se ponen a cantar y a bailar, formando una rueda ante el altar.
3. Así, se dio origen al culto afrocubano denominado santería, cuyas prácticas y creencias constituyen hoy día un elemento muy importante de la vida de gran parte de la población cubana.
4. Diosa, además, de la alegría, Ochún es muy fiestera, aficionadísima a la música y al baile.

E. Conteste con oraciones completas.

1. ¿Quién es la patrona de Cuba y cuándo es su día de fiesta?
2. ¿Cuánto tiempo hace que los señores Rodríguez celebran en su casa el día de su patrona?
3. ¿Por qué predomina lo amarillo en la decoración festiva?
4. ¿Quién es Ochún?
5. ¿Por qué se le ofrece miel a Ochún?

6. ¿Qué es la santería?
7. ¿Cuál es la religión que predomina en la América Latina?
8. ¿Qué es una botánica?
9. ¿Quién es Changó y con quién se le identifica?
10. ¿Qué característica básica de la cultura de Cuba refleja la santería?

El tambor es importantísimo en las fiestas religiosas afrocubanas.

Suggested Readings

Duany, Jorge. "Stones, Trees, and Blood: An Analysis of a Cuban Santero Ritual" in *Cuban Studies/Estudios Cubanos,* 12, No. 2 (July, 1982), 37-53.

González-Wippler, Migene. *Santería: The Religion.* New York: Harmony Books, 1989.

Levy-Konesky, Nancy, Karen Daggett, and Lois Cecsarini. "Obatalá y Orula" in *Fronteras, literatura y cultura.* New York: Holt, Rinehart and Winston, 1987.

Murphy, Joseph M. *Santería: an African Religion in America.* Boston: Beacon Press, 1988.

Overholt, Kenneth D. "Rafael Rodríguez" in *Voces de Puerto Rico.* Lincolnwood, Illinois: National Textbook Company, 1991.

Scholberg, Kenneth R. "En la botánica" in *Aquí mismo.* Rowley, Massachusetts: Newbury House Publishers, 1980.

Bomba y Tambor: Bailes Tradicionales Afrolatinos

8

La América Latina es una región sumamente rica en música popular, canciones y bailes que combinan elementos indígenas, negros y europeos. En los países andinos, como es de esperarse,° la influencia indígena es la que más se destaca. En los países donde hubo muchos esclavos se impuso una variedad de ritmos africanos que, con el transcurso del tiempo, se fueron entretejiendo con el arte musical europeo, dando origen a bailes nacionales: el merengue en la República Dominicana, la cumbia en Colombia, el candombe en el Uruguay, el tango en la Argentina, la samba en el Brasil. Aunque el aporte musical de los africanos y sus descendientes subsiste en toda la cuenca del Caribe y las Antillas, se manifiesta de modo muy obvio en la música y las danzas tradicionales de Puerto Rico y Panamá.

es de esperarse: it is to be expected

El baile de bomba, danza antigua de Puerto Rico, es el más puramente africano que ha quedado en la isla y tal vez en todo el Caribe. Se llama *baile de bomba* porque se acompaña con el ritmo de tambores llamados *bombas.* Cultivado con más o menos rigor hasta mediados de este siglo, la bomba aun se baila en la región del pueblo de Loíza Aldea[1] y es imprescindible en los espectáculos de folklore borinqueño.

La bomba apareció en la región costera de la isla donde se hallaban los grandes ingenios azucareros° en los cuales trabajaban los esclavos. Los bailes de

ingenios azucareros: sugar mills

[1]Loíza Aldea is a town on the north coast, east of San Juan, famous for the preservation of traditional music and dance.

El baile de bomba, danza antigua de Puerto Rico, es imprescindible en los espectáculos de folklore borinqueño.

bomba eran más frecuentes los sábados y domingos, y también en días especiales de fiestas como, por ejemplo, el cierre de zafra[2] y el día de Santiago Apóstol.[3] Por lo general, los bailes se efectuaban al aire libre, siguiendo la costumbre de que a los esclavos les estaba prohibido reunirse en forma oculta.

Los instrumentos de este baile son dos tambores de tipo abarrilado, dos palillos y una maraca. Los tambores, o bombas, están hechos de madera y cubiertos con cuero de cabra. Son de distintos tamaños: el mayor produce un sonido grave y el menor, agudo. Los músicos clasifican los tambores de macho y hembra de acuerdo con el timbre del sonido que producen. Por regla general, mientras un músico toca el tambor macho con ambas manos, otro golpea los costados del instrumento con los palillos. En los bailes de bomba se usa una sola maraca, generalmente tocada por una mujer.

En cuanto al vestuario que se usa para estos bailes, los hombres llevan camisa y pantalones, con frecuencia blancos, un pañuelo rojo al cuello y sombrero de paja. Muchas veces durante el baile se quitan la camisa sudada. Las mujeres visten una falda ancha, una blusa que cae por encima de la falda y una enagua adornada con encajes o bordados. En la cabeza llevan un pañuelo amarrado como turbante. Al bailar las mujeres suelen levantarse la falda para mostrar los adornos de la ropa interior.°

ropa interior: *here,* petticoat

Al principio del baile se oye la voz principal, la mayor parte de las veces femenina, que canta un verso en que se mezclan palabras en español con palabras de reminiscencia africana. Este verso lo repite a coro el grupo de espectadores. Después salen las parejas que ejecutan pasos sueltos, sin tocarse, en una danza que por lo general es un juego de atracción de los sexos. Todos bailan con movimientos sensuales de caderas y temblor de hombros. Las mujeres mueven los trajes al ritmo de la música, dando vueltas a menudo con mucha gracia.

---

[2]The *zafra,* or sugar-making season, usually begins in January and ends in May.

[3]The festival of Saint James the Apostle is celebrated on July 25.

De vez en cuando uno de los bailadores se acerca a los músicos y, con los pies, marca el ritmo que desea que le toquen. Un tambor le responde y, así, se establece entre el músico y el danzante un diálogo rítmico. Al cabo de un rato sale otro bailador que, frente a los músicos, marca un compás distinto que va reproduciendo el tambor.° A medida que pasa el tiempo los ritmos se hacen cada vez más complicados° y se establece cierto carácter de competencia entre los participantes. Dominados por el incesante ritmo de los tambores y los otros instrumentos acompañantes, todos siguen bailando hasta que el cantante principal grita—¡Eh bomba, eh!—. Con esta señal empieza a apagarse el ritmo de los tambores° dando fin al baile.

va ... tambor: the drum reproduces

cada ... complicados: more and more complicated

empieza ... tambores: the rhythm of the drums begins to diminish

Al igual que la bomba puertorriqueña, el baile de tambor, o tamborito, de Panamá lleva el nombre del instrumento que lo acompaña. De franca ascendencia africana, el tamborito es una de las manifestaciones más características de la cultura panameña y a la vez el baile nacional del país. Aunque esta danza tiene su origen en los bailes de los esclavos de antaño, en la actualidad ha llegado a ser° el baile más difundido en todo el país, siendo cultivado en todos los grupos sociales.

ha llegado a ser: it has become

Los bailes de tambor se celebran generalmente al aire libre, con frecuencia en patios, acompañados únicamente por tres tambores de madera. Estos bailes se efectúan en los días festivos, especialmente los carnavales y fiestas patronales.[4]

Para bailar el tamborito se forma una rueda en cuya periferia se coloca el grupo de tocadores, seguido a un lado de la cantante principal y un coro de mujeres. Al otro lado están los bailadores y, delante de los tambores, el público espectador cierra la rueda. El canto del tamborito se compone de versos y estribillos interpretados por la cantante y el coro que se alternan al ritmo marcado por los tambores y las palmadas del público. Dentro del círculo baila

---

[4]Most cities and towns in Latin America have a special day of celebration each year in which their patron saint is honored.

una sola pareja a la vez. El hombre, mostrando galanteo, con los brazos extendidos, sin tocar a su pareja la persigue, se le acerca,° se aleja y da vueltas, sin perder el compás. La mujer, con coqueteos,° ejecuta pasos graciosos para evadirse hasta el final cuando aparenta rendirse.

se le acerca: approaches her
con coqueteos: flirtatiously

El baile de tambor es ocasión para lucir el vistoso traje típico de Panamá que le da una belleza propia al baile.° El hombre lleva una camisa blanca larga, que cae por encima de los pantalones, y un sombrero de paja del país. La mujer viste una pollera, sin duda uno de los trajes más bellos de la América Latina. Se compone de una elegante blusa bordada de lienzo y una falda—o sea, la pollera propiamente dicha—que, recargada de adornos y encajes, toca levemente los tobillos. Indispensables son las peinetas de oro y los tembleques, o sea, brillantes adornos de filigrana de oro con perlas que las mujeres llevan en el cabello.

le da ... baile: lends the dance a special beauty

No se sabe con certeza cómo ni cuándo se originó el tamborito. Según algunos estudiosos de las tradiciones culturales de Panamá, los movimientos sensuales de caderas, mejor conservados en las regiones rurales del istmo, indican que la ascendencia del baile remonta a las danzas rituales de fertilidad de los antepasados africanos del pueblo panameño. En el transcurso de los siglos esta danza se ha generalizado de tal manera que se ha convertido no sólo en el baile nacional del país sino también en el símbolo de la nacionalidad panameña.

Modismos y Locuciones

a la vez at the same time; at a time
a menudo often, frequently
al cabo de after, at the end of
al igual que like, the same as
cada vez más more and more
dar origen a to give rise to
de acuerdo con in accordance with
de vez en cuando from time to time
en cuanto a with regard to, as for
frente a facing, in front of
por encima de over

Palabras Engañosas

celebrar: While *celebrar* often means "to celebrate," *celebrar un baile* should be translated "to have a dance"; *se celebra un baile* translates as "a dance takes place."

grave: Although this word can denote something "grave" or serious, in the context of this lesson *grave* means "bass," that is, low-pitched in sound.

Vocabulario

agudo high-pitched, treble
la ascendencia origin
el bailador dancer
borinqueño Puerto Rican
la cadera hip
el/la cantante singer
la competencia competition, rivalry
el coro chorus
la danza dance
hacerse to become
lucir to wear; to show off, display
mezclar to mix
panameño Panamanian
la pareja couple; female dance partner
el paso step
puertorriqueño Puerto Rican
quitarse to take off (a garment)
el traje dress, attire
vestir to wear

Ejercicios

A. ¿Son ciertas o falsas las oraciones siguientes? Si son falsas, cámbielas para que sean ciertas.

1. Varios bailes nacionales de la América Latina tienen origen en las danzas de los esclavos africanos.
2. El baile nacional de la Argentina es el tango.
3. El aporte musical de los africanos se destaca mucho en los países andinos.
4. La bomba lleva el nombre del instrumento que la acompaña.
5. Se celebraban los bailes de bomba en días festivos.
6. Actualmente todas las clases sociales bailan la bomba.
7. La pollera es el traje nacional de Puerto Rico.
8. En los bailes de tambor varias parejas danzan a la vez.
9. El tamborito tiene su origen en los antiguos bailes africanos de fertilidad.

10. En los bailes de tambor las mujeres llevan un turbante en la cabeza.
11. El tamborito se acompaña con el ritmo de tambores y el canto de voces femeninas.

B. Sin cambiar el sentido de las oraciones, sustituya las palabras escritas en letra bastardilla por palabras de la lista siguiente y haga los cambios gramaticales necesarios.

efectuar	origen	lucir
con frecuencia	a la vez	rueda
a menudo	bailador	ritmo
después de	indispensable	todavía
puertorriqueño	hoy día	comenzar

1. Se establece entre músico y *danzante* un diálogo rítmico.
2. Los bailes se *celebran* en días festivos.
3. Las mujeres dan vueltas *a menudo* con mucha gracia.
4. La bomba *aun* se baila en el pueblo de Loíza Aldea.
5. Otro bailador marca un *compás* distinto.
6. Con esta señal *empieza* a apagarse el ritmo.
7. *En la actualidad* el tamborito es el baile más difundido en todo el país.
8. Dentro del *círculo* baila una sola pareja.
9. La bomba es *imprescindible* en los espectáculos de folklore puertorriqueño.
10. *Muchas veces* durante el baile los hombres se quitan la camisa sudada.
11. El baile de tambor es de franca *ascendencia* africana.
12. *Al cabo de* un rato sale otro bailador que marca un compás distinto.
13. La bomba es un antiguo baile *borinqueño.*
14. Las mujeres se levantan la falda para *mostrar* los adornos de la ropa interior.

C. Emplee las expresiones siguientes en oraciones originales.

a la vez	en cuanto a	al igual que
a menudo	cada vez más	dar origen a

D. Give an idiomatic English translation for the following sentences.

1. Este verso lo repite a coro el grupo de espectadores.
2. A medida que pasa el tiempo los ritmos se hacen cada vez más complicados.

Para bailar el tamborito se forma una rueda dentro de la cual baila una sola pareja a la vez.

3. Con esta señal empieza a apagarse el ritmo de los tambores.
4. Los bailes de tambor se celebran al aire libre.
5. Dentro del círculo baila una sola pareja a la vez.

E. Haga una lista de las características comunes del tamborito y del baile de bomba.

F. Conteste con oraciones completas.

1. ¿En qué países de la América Latina se destaca la influencia musical de los indios?
2. ¿Dónde se destaca el aporte musical africano?
3. ¿Cuáles son los bailes nacionales de Colombia, Argentina y Panamá?
4. ¿En qué región de Puerto Rico nació la bomba?
5. ¿Por qué se celebraban los bailes de bomba al aire libre?
6. ¿Qué instrumentos acompañan la bomba?
7. ¿Qué sonido produce el tambor hembra?
8. ¿De qué manera se da fin al baile de bomba?
9. ¿Cuáles son los instrumentos musicales que acompañan el tamborito?
10. ¿Cuándo se baila el tamborito?
11. En el tamborito típico, ¿cómo se viste el hombre?
12. ¿Por qué se puede decir que el tamborito es un juego de atracción de los sexos?

Suggested Readings

Cheville, Lila and Richard Cheville. *Festivals and Dances of Panama.* Panama: n.p., 1977.

Colón, Eliseo. *Ritmos y melodías.* New York: Regents, 1983.

Ramírez, Guillermo. *El arte popular en Puerto Rico.* New York: Colección Montana, 1974.

Smith, Ronald R. "They Sing with the Voice of the Drum: Afro-Panamanian Musical Traditions" in *More than Drumming, Essays on African and Afro-Latin American Music and Musicians* (ed. by Irene V. Jackson). Westport, Connecticut: Greenwood Press, 1985.

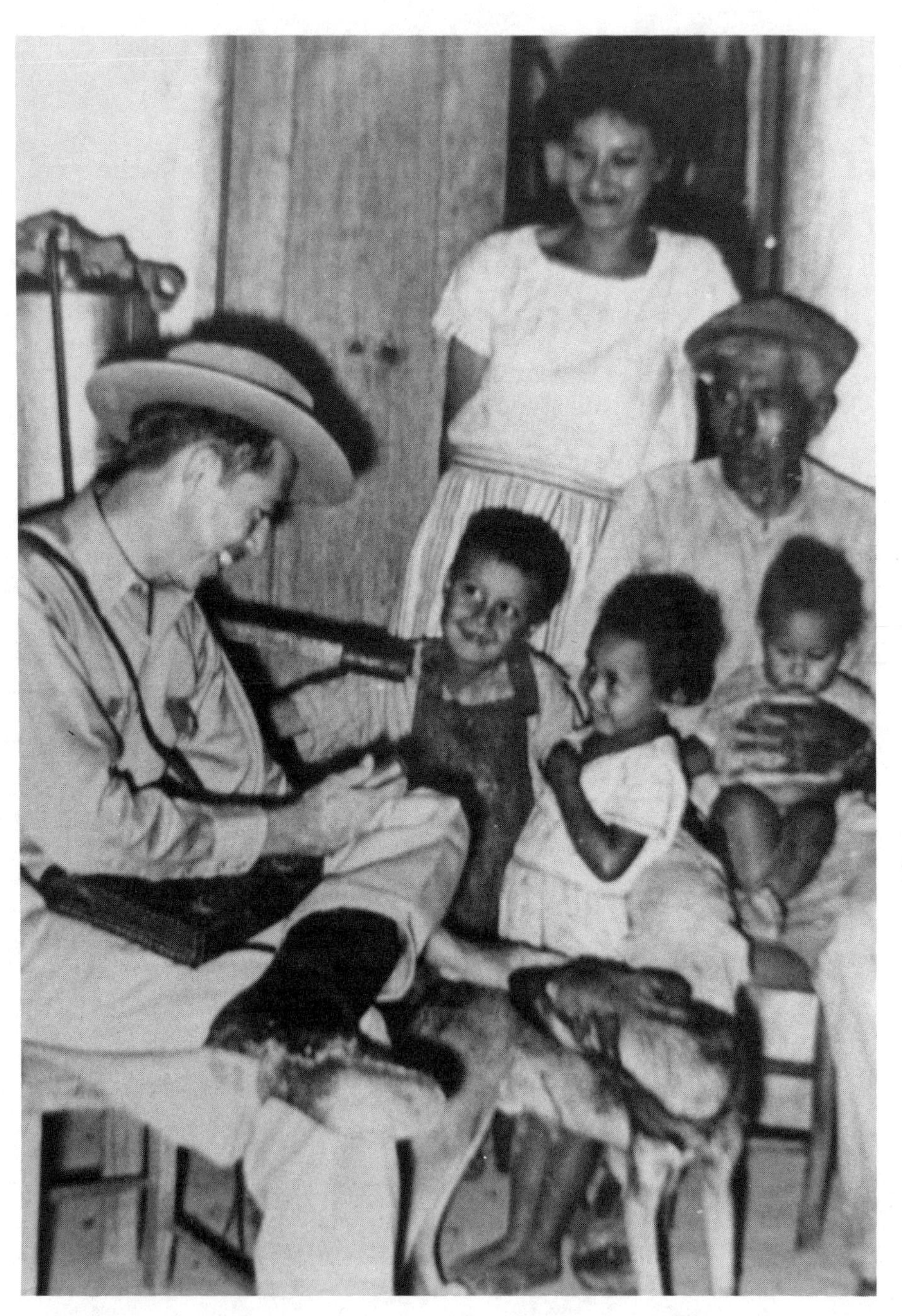

Los relatos de la tradición oral son motivo de diversión para toda la familia.

Las Mañas de Tío Conejo

9

En todos los países de América hay relatos populares conservados en la tradición oral, es decir, narraciones antiguas cuya permanencia se debe esencialmente a la transmisión verbal de una generación a otra. En los países en que quedan trazas de cultura africana los personajes de estos relatos son a menudo animales traviesos entre los cuales se destacan la tortuga, la araña, el tigre y el conejo. Este, frecuentemente conocido con el nombre de Tío Conejo, es tal vez el más difundido de estos personajes, reapareciendo en numerosos cuentos populares de muchas naciones americanas.

En estos cuentos Tío Conejo aparece como un animal muy astuto, que a pesar de ser débil, siempre consigue vencer o humillar al más fuerte. Se cree que, por medio de los cuentos de Tío Conejo, los negros les enseñaban a sus hijos el valor de la astucia, elemento esencial para soportar las arbitrariedades de la esclavitud. A través de los años el personaje de Tío Conejo se universalizó de tal manera que sus andanzas han servido de inspiración a autores contemporáneos. El relato que sigue cuenta una ingeniosa aventura de Tío Conejo muy conocida en Venezuela.

Un día Tío Conejo salió de su conuco y se fue al pueblo. Llegando al pueblo se dirigió a casa de Tío Loro para proponerle que le comprara su conuco.

—¿Por cuánto me lo vende, Tío Conejo?

—Por sólo quince pesos, pero pongo una condición: me paga por adelantado ahora mismo pero no puede tenerlo hasta de aquí a tres días,° que es cuando estará lista la cosecha.

de aquí ... días: three days from now

Dándose cuenta del buen negocio, Tío Loro respondió: —Está bien, Tío Conejo—. Y le pagó en seguida lo pedido.

plata: money

Tío Conejo tomó su plata° y salió, pero no regresó a su rancho. En la agitación del hocico y el brillo de los ojos se veía que tramaba algo. Sin más ni más, se fue a casa de Tía Gallina y, tan pronto se topó con ella,° le dijo: —Buenos días, Tía Gallina. Vengo a venderle mi finquita.

tan ... ella: as soon as he met her

—¿Cuánto pide por ella?

—Quince pesos.

—Trato hecho,° Tío Conejo.

Trato hecho: It's a deal.

—Pero hay una condición: me paga ahora mismo pero no vaya hasta de aquí a tres días, que es cuando estará lista la cosecha.

Tía Gallina conocía su conuco y sabía que valía más.

—Muy bien, Tío Conejo. Se la compro. Aquí tiene° su plata.

Aquí tiene: Here is

Tío Conejo recibió el pago y salió. No contento con lo recogido, se fue también a casa de Tío Zorro, Tío Tigre y el Cazador con la misma proposición y los mismos resultados. Luego, aunque había vendido el conuco cinco veces, Tío Conejo no mostraba preocupación ni ganas de huir. Con la plata recogida, producto de sus engaños, regresó tranquilamente a su conuco.

Tempranito por la mañana del tercer día se presentó Tío Loro.

—Buenos días, Tío Loro. ¡Qué bueno que ha llegado temprano! Antes de entregarle el conuco le voy a pedir un favor. Hoy viene a molestarme gente que no me gusta. Para que no me cojan de sorpresa, suba a esa mata de plátano° y cuando vea venir a alguien por el camino hacia acá, avíseme y me escondo.°

mata de plátano: banana tree

avíseme ... escondo: warn me and I'll hide

Poco después Tío Loro, desde arriba, vio a Tía Gallina y le avisó a Tío Conejo: —Ahí viene° Tía Gallina.

Ahí viene: Here comes

Pero en lugar de esconderse, Tío Conejo se asomó a la puerta del rancho y esperó que llegara. Cuando Tía Gallina llegó, la saludó y la hizo pasar adelante.°

la hizo ... adelante: he showed her in

Viendo que estaba sofocada, le dijo: —Siéntese, Tía Gallina. ¿Por qué tanta prisa?

—Vine corriendo a ocupar la finquita, de acuerdo con el trato.

Agitada, Tía Gallina no disimulaba su inquietud. Deseaba quedarse con el conuco antes de que Tío Conejo se diera cuenta de que lo vendía muy barato.

—¡Ahí viene Tío Zorro!—gritó Tío Loro, prosiguiendo en su oficio de centinela.

—¿Qué es esto, Tío Conejo? Si Tío Zorro me ve aquí, me mata. ¿Dónde me escondo?

—Métase en esa cesta, que lo despacho en seguida.

Pronto llegó Tío Zorro. Saludó a Tío Conejo y pasó adelante.

—Vine por el conuco,° Tío Conejo.

—En vez del conuco le tengo algo mejor°—le dijo Tío Conejo, haciendo señas con la pata hacia la cesta.

—¿Mejor que el conuco?

—Tía Gallina—le dijo en el oído al visitante.

De un salto Tío Zorro alcanzó la cesta y devoró a Tía Gallina en un abrir y cerrar de ojos.°

Luego advirtió Tío Loro:

—Por ahí viene alguien.

—¿Quién?

—¡Tío Tigre!—contestó con mucho alboroto.

—¡Tío Tigre! ¡Tío Tigre! ¡Santo Dios!—exclamó Tío Zorro, muerto de miedo.°—¡Escóndame, Tío Conejo, que Tío Tigre es enemigo mío! ¿Dónde me meto?

—No se preocupe. Métase debajo de la cama, que lo despacho en seguida—le dijo Tío Conejo.

Llegó Tío Tigre. Le saludó a Tío Conejo, luego pasó adelante y dijo apresuradamente: —Vengo por mi conuco ...

—Yo le tengo algo mejor, Tío Tigre. Allí debajo de esa cama le tengo a su enemigo Tío Zorro.

Y se lo comió Tío Tigre en unas dentelladas.

—¡Ahí viene el Cazador!—gritó Tío Loro desde su escondite.

—¿Qué es esto, Tío Conejo?—dijo Tío Tigre, asus-

Vine ... conuco: I came for the farm
le ... mejor: I have something better for you

un abrir ... ojos: a split second

muerto de miedo: frightened to death

tadísimo. —¿Qué traición es ésta? Escóndame, por favor, para que no me encuentre el Cazador.

No tenga cuidado: Don't worry.

—No tenga cuidado.° Métase en la cocina, que yo lo despacho en seguida.

Apenas había entrado Tío Tigre en la cocina cuando llegó el Cazador, que llevaba su escopeta. Tío Conejo salió a recibirlo con reverencias: —Buenos días, señor Cazador.

—Buenos días. Vengo por mi conuco.

—Ha llegado a buena hora, que le estoy guardando algo mejor que el conuco. ¡Qué oportuno es usted!

—¿Qué cosa me está guardando?

—A Tío Tigre—le contestó en voz baja.

—¿Dónde está?

—Ahí en la cocina.

Bien armado, el Cazador se dirigió a la cocina y lo despachó al instante.

Aprovechando el momento, en seguida Tío Conejo levantó la pata y señaló hacia Tío Loro escondido en la mata de plátano.

—¡Líbreme, por favor, de ese impertinente que no deja de molestarme!

El Cazador alzó su arma y sin más ni más mató a Tío Loro.

—Ahora me va a dar su conuco—le dijo el Cazador.

—Bueno, pero no le doy ni a Tío Tigre ni a Tío Loro—contestó Tío Conejo. —No entran en el trato.°

No ... trato: They're not in the deal.

Pensando bien el asunto, el Cazador se dio cuenta de que sacaría más provecho de las plumas de Tío Loro y de la piel de Tío Tigre que del conuco porque no estaba acostumbrado a cultivar la tierra. Por tanto, le dijo a Tío Conejo: —¿No quiere cambiarme el conuco por las dos piezas?

—De acuerdo, señor—respondió Tío Conejo, disimulando su satisfacción.

Así, por sus mañas, Tío Conejo se quedó con su conuco después de haberles sacado dinero a todos los compradores y haberse librado de ellos por mano ajena.

Tío Conejo figura no sólo en la tradición oral sino también en la literatura infantil: portada de un libro costarricense.

Modismos y Locuciones

ahora mismo right now
al instante immediately
darse cuenta de to realize
dejar de to stop (doing)
librarse de to get rid of
no tenga cuidado don't worry
pasar adelante to go or come in
por adelantado in advance
por medio de by means of, through
sin más ni más without further ado

Palabras Engañosas

advertir: This verb means "to warn"; it does not mean "to avert" or "to advertise."

avisar: Generally speaking, this word does not mean "to advise"; it is another verb meaning "to warn." "To advise," in the sense of "to give advice," is *aconsejar.*

ingenioso: Although *ingenioso* can mean "ingenious," a more usual meaning is "amusing."

molestar: This is a commonly used verb meaning "to annoy, bother, disturb."

rancho: Although this word can mean "ranch," its meaning differs according to context. In this story *rancho* denotes a modest hut.

soportar: In this lesson *soportar* means "to endure."

Vocabulario

cambiar to change; to exchange
el cazador hunter
el comprador buyer
el conejo rabbit
la cosecha harvest
el cuento story
débil weak
despachar to send away in a hurry, (figuratively) to get rid of
el engaño deceit
esconderse to hide (oneself)
fuerte strong
la gallina hen
el loro parrot
la maña clever trick, craftiness
el pago payment
preocuparse to worry
saludar to greet
señalar to point
el tigre tiger
el trato agreement, deal
el zorro fox

Ejercicios

A. ¿Son ciertas o falsas las oraciones siguientes? Si son falsas, cámbielas para que sean ciertas.

1. El personaje más difundido en los relatos de la tradición oral es Tío Tigre.
2. Tío Conejo es una figura muy astuta y traviesa.
3. Al venderle su conuco a Tío Loro, Tío Conejo le pidió el pago por adelantado.
4. Al comprar el conuco, Tío Loro lo ocupó en seguida.
5. Después de haberle vendido el conuco a Tío Loro, Tío Conejo se lo vendió a cinco individuos más.
6. El primer comprador que se presentó en el conuco fue Tío Loro.
7. Tío Conejo le pidió a Tía Gallina que le sirviera de centinela.
8. Al llegar Tío Tigre, Tío Zorro se asustó y se escondió en la cocina.
9. Tío Loro le dijo al Cazador donde estaba escondido Tío Tigre.
10. Tío Tigre se quedó con el conuco de Tío Conejo.

B. Sustituya las palabras que están en letra bastardilla por sinónimos de la lista siguiente y haga los cambios gramaticales necesarios.

dinero	advertir	al instante
no tenga cuidado	conuco	asustadísimo
cambiar	actual	despachar
en vez de	aparecer	engaños
volver	aventura	entregar

1. Las *andanzas* de Tío Conejo han servido de inspiración a autores *contemporáneos.*
2. Vengo a venderle mi *finquita.*
3. Tío Loro le pagó *en seguida* lo pedido.
4. Tío Conejo tomó la *plata* y salió.
5. Con la plata recogida, Tío Conejo *regresó* tranquilamente a su conuco.
6. Al tercer día por la mañana *se presentó* Tío Loro.
7. Poco después Tío Loro le *avisó* a Tío Conejo.
8. *En lugar de* esconderse, Tío Conejo esperó que Tía Gallina llegara.
9. —¡Santo Dios!—exclamó Tío Zorro, *muerto de miedo.*
10. *No se preocupe.* Métase debajo de la cama.
11. Ahora me va a *dar* su conuco.
12. Así, por sus *mañas,* Tío Conejo se quedó con su conuco.

C. Emplee las expresiones siguientes en oraciones originales.

1. dejar de
2. pasar adelante
3. por adelantado
4. ahora mismo
5. librarse de
6. darse cuenta de

D. Give an idiomatic English translation for the following sentences.

1. Se cree que, por medio de los cuentos de Tío Conejo, los esclavos les enseñaban a sus hijos el valor de la astucia.
2. Al llegar al pueblo, Tío Conejo se dirigió a casa de Tío Loro para proponerle que le comprara su conuco.
3. Pongo una condición: me paga por adelantado ahora mismo pero no puede tenerlo hasta de aquí a tres días, que es cuando estará lista la cosecha.
4. Líbreme, por favor, de ese impertinente que no deja de molestarme.

E. Conteste con oraciones completas.

1. ¿A qué se debe la permanencia de los relatos populares de la tradición oral?
2. ¿Qué animales aparecen con frecuencia en estos relatos?
3. ¿Qué quería venderle Tío Conejo a Tío Loro?
4. ¿A quiénes les vendió el conuco Tío Conejo?
5. ¿Cuál fue la condición que Tío Conejo les puso a los compradores del conuco?
6. ¿Qué favor le pidió Tío Conejo a Tío Loro?
7. ¿Por qué llegó sofocada y agitada Tía Gallina?
8. Al llegar Tío Zorro, ¿qué hizo Tía Gallina?
9. Al llegar Tío Tigre, ¿por qué se metió Tío Zorro debajo de la cama?
10. ¿Por qué no se quedó el Cazador con el conuco?

Suggested Readings

Carrera, Gustavo Luis. "Folklore literario" in *Panorama del folklore venezolano* (by Miguel Cardona, *et al.*). Caracas: Universidad Central de Venezuela, 1959.

Cuadra, Pablo Antonio. *Tío Coyote y Tío Conejo.* Ciudad Universitaria Rodrigo Facio, Costa Rica: Editorial Universitaria Centroamericana, 1985.

Duncan, Quince. "La tradición oral del afrocostarricense" in *El negro en Costa Rica* (by Carlos Meléndez and Quince Duncan). San José: Editorial Costa Rica, 1979.

Meehan, John. "Uncle Rabbit Declines to be Eaten" in his *South American Fairy Tales.* London: Frederick Muller, 1970.

Piquet, Daniel. "La literatura oral" in his *La cultura afrovenezolana.* Caracas: Monte Avila Editores, 1982.

Uslar Pietri, Arturo. *El conuco de Tío Conejo.* Caracas: Ediciones María di Mase, 1984.

Bibliografía general

Las obras siguientes constituyen algunas de las principales que pueden servir al lector que quiera profundizar más en el tema del negro en la América Latina. No pretende esta lista ofrecer un panorama completo sobre el asunto sino presentar algunos libros de interés y utilidad, en español e inglés, para los que aspiren a seguir sus lecturas sobre los temas abordados en este libro.

Andrews, George Reid. *The Afro-Argentines of Buenos Aires, 1800-1900.* Madison: University of Wisconsin Press, 1980.

Bastide, Roger. *African Civilizations in the New World.* New York: Harper and Row, 1971.

Cabrera, Lydia. *Yemayá y Ochún.* Madrid: CR, 1974.

Coelho, Ruy Galvão de Andrade. *Los negros caribes de Honduras.* Tegucigalpa, Honduras: Editorial Guaymuras, 1981.

Duncan, Quince and Carlos Meléndez. *El negro en Costa Rica.* San José, Costa Rica: Editorial Costa Rica, 1979.

González-Wippler, Migene. *Santería: The Religion.* New York: Harmony Books, 1989.

Lizardo, Fradique. *Cultura africana en Santo Domingo.* Santo Domingo: Sociedad Industrial Dominicana, 1979.

Merino, Francisco M. *El negro en la sociedad montevideana.* Montevideo: Ediciones de la Banda Oriental, 1982.

Moreno Fraginals, Manuel. *Africa en América Latina.* México, D.F.: Siglo Veintiuno Editores, 1977.

_____. *Africa in Latin America.* Trans. Leonor Blum. New York: Holmes and Meier, 1984.

Núñez, Benjamín. *Dictionary of Afro-Latin American Civilization.* Westport, Connecticut: Greenwood Press, 1980.

Pereda Valdés, Ildefonso. *El negro en el Uruguay: pasado y presente.* Montevideo: Instituto Histórico y Geográfico del Uruguay, 1965.

Pescatello, Ann M. *The African in Latin America.* Lanham, Maryland: University Press of America, 1981.

Piquet, Daniel. *La cultura afrovenezolana.* Caracas: Monte Avila Editores, 1982.

Price, Richard. *Maroon Societies: Rebel Slave Communities in the Americas.* Baltimore: The Johns Hopkins University Press, 1979.

Ramos, Arthur. *The Negro in Brazil.* Philadelphia: Porcupine Press, 1981.

Rodman, Selden. *Haiti: The Black Republic.* Old Greenwich, Connecticut: Devin-Adair, 1985.

Rout, Jr., Leslie B. *The African Experience in Spanish America, 1502 to the Present Day.* London: Cambridge University Press, 1977.

Szwed, John F. and Roger D. Abrahams, comps. *Afro-American Folk Culture: An Annotated Bibliography of Materials from North, Central and South America, and the West Indies.* Philadelphia: Institute for the Study of Human Issues, 1978.

Zenón Cruz, Isabelo. *Narciso descubre su trasero; el negro en la cultura puertorriqueña.* Humacao, Puerto Rico: Editorial Furidi, 1975.

Vocabulario

Omitted from this vocabulary are cognates and a few words of low frequency that are explained in the lessons. The following abbreviations are used:

adj.	adjective	*m.*	masculine
adv.	adverb	*n.*	noun
f.	feminine	*pres.*	present
ind.	indicative		

A

abarrilado barrel-like, in the form of a barrel
abismo chasm
abolir to abolish
abundar to abound
acá here
acabar to finish
  acabar con to destroy, put an end to
aceptar to accept
acera sidewalk
acercarse to approach, draw near, go over
acompañante accompanying
acompañar to accompany
acordar to agree; to decide
acostarse to lie down
acostumbrado accustomed, used to
acto act; ceremony
actual present, current
actualidad: en la actualidad at the present time, at present, nowadays
acudir to come, go; to attend
acuerdo: de acuerdo OK, all right
  de acuerdo con in accordance with
adelantado: por adelantado in advance
adelante: pasar adelante to enter, come in
además moreover, furthermore
  además de besides, in addition to
adornado decorated, adorned
adorno adornment, decoration
advertir to give notice or warning
aficionado a fond of
afinar to tune
afirmar to state, affirm
agitado excited
agitar to agitate, excite
aglomerarse to crowd together
agrupación (la) group
aguantar to endure, bear
agudo treble
ahí there
ahijado godchild
ahora now
  ahora mismo right now
ahorrar to save
ahorro saving
aire (el) air
  al aire libre in the open air, outdoors
ajeno another's, of others
alboroto disturbance, fuss
alcaldía mayor's office
alcanzar to attain; to reach
alegría joy, merriment
alejarse to move away; to withdraw
algodón (el) cotton
alguno some
alma (el but *f.*) soul
almirante (el) admiral
alrededor de around
alternar to alternate
alumno student
amarillo yellow

amarrado tied
ambos both
amo master
amor (el) love
anaranjado orange
ancho wide
andanzas adventures
andino Andean
animación (la) liveliness, bustle
animado lively
antaño long ago
ante in the presence of; before, in front of
antepasado ancestor
anterior preceding
antes de before
antiguo old, ancient; former
antillano Caribbean
año year
apagarse to go out, die out
aparecer to appear; to show up
aparentar to pretend
apenas hardly, scarcely
aporte (el) contribution
apostar to bet
apreciar to appreciate
aprender to learn
aprovecharse (de) to take advantage (of)
apuesta bet
aquel that
arahuaco Arawak
araña spider
arbitrariedad (la) arbitrariness
arduo arduous
armado armed
arreglado arranged
arriba above
arroz (el) rice
arte (el) art
  bellas artes fine arts
artículo article; item
ascendencia origin
ascender: ascender a to amount to
así thus, in this manner
  así como as well as
  así es que and so
asistente: los asistentes those present
asistir to attend
asomarse a to look out of
astucia cunning, slyness
astuto astute, sly, crafty
asunto subject, matter
asustado frightened
asustarse to be frightened
atacar to attack
ataque (el) attack
atar to tie
aterrorizar to frighten, terrify
atraer to attract
atribuir to attribute
aumentar to increase
aun even; still
aún still
aunque although
auténtico authentic
autodidacto self-taught
autogobierno self-government
autor (el) author
ave (el but *f.***)** fowl; bird
avenida avenue
avisar to warn
ayuda help
ayudar to help
azotar to whip
azote (el) lashing, whipping
azúcar (el) sugar

B

bailador (el) dancer
bailar to dance
baile (el) dance
bajo beneath, under; low
barato cheap, inexpensive
barbería barbershop; barber's trade
barbero barber
barrio neighborhood
bastardilla: letra bastardilla italics
bautizar to baptize
belleza beauty
bello beautiful
bendito: agua bendita holy water

besar to kiss
bien well; very
blanco white
bondad (la) kindness
bordado embroidery; embroidered
borinqueño (*adj.* and *n.*) Puerto Rican
brasileño (*adj.* and *n.*) Brazilian
brazo arm
brillar to shine, sparkle
brillo brilliance, brightness, sparkle
brío spirit
buque: buque negrero slave ship
busca: en busca de in search of
buscar to look for, seek

C

caballo horse
cabello hair
cabeza head
cabo: al cabo de after, at the end of
  llevar a cabo to carry out, accomplish
cabra goat
cacao cocoa
cada each, every
  cada vez más more and more
cadera hip
caerse to fall, drop; to hang
café (el) coffee
calle (la) street
cama bed
camarón (el) shrimp
cambiar to change; to exchange; to trade
caminar to walk
camino road
camisa shirt
campana bell
campaña campaign
campo field
canción (la) song
canonizar to canonize
cansado tired
cantante (el/la) singer
cantar to sing
cantidad (la) quantity
canto singing; song
caña cane
Caribe (el) Caribbean
caridad (la) charity
carnavalesco (*adj.*) carnival
carrera race
carroza float
casa house, home
casarse to marry
casi almost
caso case, matter
castigo punishment
Castilla Castile
catorce fourteen
cazador (el) hunter
ceder to cede, transfer
celebrar to celebrate
  celebrar un baile to have a dance
celebre famous
ceniza ash
centinela (el/la) sentry
centro center; downtown
cera wax
cerca: cerca de about, approximately; near
cercanías vicinity
cercano nearby, neighboring
cerrar to close
certeza certainty
cesta basket
ciento one hundred
  por ciento per cent
cierto true; certain
cierre (el) closing
cimarrón (el) runaway slave
cincuenta fifty
cine (el) movies, cinema
cinta ribbon
círculo circle
ciudad (la) city
cobre (el) copper
cocina kitchen
coco coconut
cofradía brotherhood
coger to catch

cólera anger, wrath
colocar to place, put
colonia colony
colonizador (el) colonizer
colono colonist
colorido color
comadre (la) close friend
comenzar to begin, start
comer to eat
comida food
como as, like, since
cómo how
compadecer to pity, sympathize with
compañero companion
compás (el) beat
competencia competition, rivalry
componer to compose
comprador (el) buyer
comprar to buy
común common
con with
concordia harmony; peace
concurrido crowded; frequented
concurso contest
conejo rabbit
conferencia lecture, speech
conformarse to yield; to resign oneself
conjunto whole, entirety; small group of musicians
conmemorar to commemorate
conocer to know
conocido (*adj.*) known, well known; (*n.*) acquaintance
conquistar to win
conseguir to succeed in
consejo advice
conservar to maintain, keep, preserve
consiguiente: por consiguiente consequently, therefore
constituir to constitute
construir to construct, build
consuelo comfort, consolation
contar to tell, relate
contemporáneo contemporary
contestar to answer
contra against
conuco very small farm
convento convent
  convento de frailes monastery
convertir to transform, change
  convertirse to become
convivencia living together
copa treetop
coqueteo flirtation
coraje (el) courage
coro chorus
  a coro in chorus
correr to run
corte (la) court
cosa thing, something
cosecha harvest, crop
costado side
costero coastal
costumbre (la) custom
cotidiano daily
crear to create
creciente growing
creencia belief
creer to believe
criar to raise
criollo Creole
cristiano Christian
cuadrado square
cuadro picture, painting
cuando when
cuanto: en cuanto a with regard to, as for
  unos cuantos a few
cuánto how much
Cuaresma Lent
cuatro four
cubierto covered
cuello neck
cuenca basin
cuenta: darse cuenta de to realize
cuento story, tale
cuero skin, leather
cuerpo body
cuidado care
  no tenga cuidado do not worry

cuidar to care for, look after
culpa guilt
  echar la culpa to blame
cultivar to cultivate; to farm
cultivo cultivation; farming
culto religion; worship
curar to cure, heal
cuyo whose, of which, of whom

CH

charlar to chat
chico boy
chiquillo small child

D

danza dance
danzante (el/la) dancer
dar to give
  dar con to find
debajo de under, beneath
deber to owe; must, ought
  deberse to be due
debido a due to
débil weak
decir to say, tell
dedicarse to devote oneself
deidad (la) deity
dejar to allow, permit
  dejar de to fail to; to stop (doing)
delante de in front of
demás: los demás the others
demostrar to show
denominado called, named
dentellada bite
dentro (de) inside, within
derivado derived
derrotado defeated
desafiar to challenge
desarrollar to develop
desarrollo development
descubrimiento discovery
descubrir to discover
descuidar to neglect
desde from; since
desear to want, desire
desempeñar: desempeñar un papel to play a role
desenfrenado wild, unbridled
desesperado desperate
desfilar to parade
desfile (el) parade
desnudo nude, naked
desorientado disoriented, confused
despachar to send away in a hurry, (*figuratively*) to get rid of
después afterwards, then, later
  después de after
destacarse to stand out, be outstanding
destino destiny
devorar to devour
devoto devout
diario daily
dibujo picture, drawing
digno fitting
dinero money
dios (el) god
diosa goddess
dirigir to lead, direct
disfraz (el) costume
disimular to conceal, hide
dispersarse to scatter
distinguir to distinguish
distinto different
distribuir to distribute
divertido amusing, funny
divertirse to have a good time, enjoy oneself
dolor (el) pain
dolorido aching
dominar to master; to dominate
domingo Sunday
dominio control, authority, rule
donde where
dondequiera wherever
dorado golden
dormir to sleep
  dormirse to fall asleep
duda doubt

dueño owner
dulce sweet
durante during

E

e and
echar to cast, throw
edificio building
efecto: en efecto in fact, actually
efectuar to carry out, do, make
ejecutar to execute, perform
ejemplo example
ejercicio exercise
ejército army
elegir to choose, elect
embajador (el) ambassador
embargo: sin embargo however, nevertheless
empezar to begin, start
emplear to use
enagua petticoat, underskirt
encaje (el) lace
encendido lighted, lit; burning
encima: por encima de over
encontrar to find
  encontrarse to be, find oneself
  encontrarse con to meet
enemigo enemy
enero January
enfermedad (la) illness
enfermo (*adj.* and *n.*) sick, ill
enfrentarse con to face
enfurecerse to become furious
engalanado decorated
engaño deceit
engañoso deceitful
enojarse to become angry
enorme enormous
ensayar to rehearse; to test, try
enseñar to teach
entero entire
entidad (la) group, organization
entonces then
entre between, among
entregar to hand (over), give
  entregarse to surrender, give up
entretejer to intermix, interweave
enviar to send
epidemia epidemic
época time; season; era, age
epopeya epic
escaparse to escape
escena scene
esclavitud (la) slavery
esclavizar to enslave
esclavo slave
escoba broom
escolar (*adj.*) school
esconder to hide
escondite (el) hiding place
escopeta shotgun
esencialmente essentially, principally
espantarse to be frightened
espectáculo show, pageant
esperanza hope
espíritu (el) spirit
establecer to establish
establecimiento settlement
estado state
estampilla stamp
estanciero rancher
estar to be
  estar para to be about to
éste this one; the latter
estilo style
estribillo refrain
estudioso scholar
evadirse to escape, evade
exclamar to exclaim
exhibir to display, exhibit
exigencia demand; exigency
existente existing
éxito success
expuesto displayed
expulsar to expel, drive out
extendido extended
extenuarse to be completely exhausted
extraviado misplaced, lost

F

falda skirt
falta lack
  hacer falta to be necessary
fama fame; reputation
familia family
fase (la) phase
fe (la) faith
febrero February
fenómeno phenomenon
festejar to celebrate
festejo celebration
fidelidad (la) loyalty
fiel faithful, devoted
fiesta party; festivity, festival; holiday, holy day
fiestero fond of parties
figurar to appear
filigrana filigree
fin (el) end
  a fin de in order to
  dar fin a to conclude
  en fin in short
final (el) end
finca farm
flor (la) flower
florecer to flourish, prosper
folleto booklet
fondo bottom
forzado: trabajos forzados hard labor
fraile (el) friar, monk
francés (*adj.* and *n.*) French
franco clear; frank
frasco bottle
fray (el) Brother (used before the names of men belonging to certain religious orders)
frecuencia: con frecuencia often, frequently
frente a facing, in front of; faced with
frijoles (los) beans
frivolidad (la) frivolity
fuera outside; away
  por fuera on the outside
fuerte strong
fundar to found
futuro future

G

galanteo courtship, wooing
galería gallery
gallo rooster, cock
gana desire
ganar to win; to earn
garantizar to guarantee
gato cat
gemido moan
gemir to moan
general: por lo general in general, generally
genio genius
gente (la) people
gesto gesture
gobernador (el) governor
gobierno government
golpear to strike, hit
gordo fat
gota drop
gotear to drip
gozar to enjoy
gracia gracefulness
gracioso graceful
gran; grande great; large, big
gritar to shout
gritería shouting
grupo group
guardar to save, keep
guerrero warrior
guerrilla small war, skirmish
guiso stew
gustar to please
  me gusta I like

H

habilidad (la) ability, skill
habitante (el/la) inhabitant
hacer to do; to make
  hacerse to become
hacia toward

hacia acá this way
hacienda farm, plantation, ranch
hallar to find
hasta until; up to; even
hay there is, there are
hazaña feat, heroic deed
hecho deed, act
de hecho in fact, actually
hembra female
herencia heritage
hermana sister
hidalgo nobleman
hierba herb
hijo son
historiador (el) historian
hocico nose (of an animal)
holandés (*adj.* and *n.*) Dutch
hombro shoulder
hora hour
hormiga ant
hormiguero anthill
hoy today
hoy día nowadays
huir to flee, run away
humildad (la) humility
humilde humble
humillante humiliating
humillar to humble; to humiliate

I

identificar to identify
idioma (el) language
iglesia church
igual: al igual que like, the same as
sin igual unrivaled
igualdad (la) equality
igualmente equally; likewise
iluminar to illuminate, light
imagen (la) image
impertinente impertinent, meddlesome
imponer to impose
importar to import; to matter
imprescindible indispensable
impresionante impressive
impuesto imposed
impuso (third person *pret. ind.* of *imponer*) he, she imposed
incienso incense
incluir to include
incontable innumerable, countless
indígena (*adj.* and *n.*) indigenous, native
indio Indian
indiscutible unquestionable, indisputable
inesperadamente unexpectedly
infancia childhood
infantil children's
ingenioso amusing
ingresar to enter; to join
iniciar to begin, start
inmóvil motionless
inspirar to inspire
instante (el) instant
al instante immediately
intercambiar to exchange
interesante interesting
interrumpir to interrupt
invocar to invoke
iracundo angry, enraged
isla island
istmo isthmus

J

jefe (el) chief
joven (*adj.* and *n.*) young; young man *or* woman
juego game
juntarse to join
junto together
jurar to swear

L

lado side
lanzar to throw; to launch
lanzarse to rush
largo long
a lo largo along
látigo whip
lavar to wash

lazo bow
lechuza owl
legado legacy
lejos far
lengua language
levantar to raise, lift up
levemente slightly
leyenda legend
libertad (la) freedom
libertar to free, set free
librar to free
  librarse de to get rid of
libre free
lienzo linen
ligado linked
listo ready
locución (la) expression
lograr to get, obtain; to succeed in, to manage to
loro parrot
lucir to wear; to display, show off
lucha struggle
luchar to fight, struggle
luego then; later
lugar (el) place
  en lugar de instead of
lujoso showy, sumptuous
luz (la) light

LL

llama flame
llamado called; so-called
llamar to call
  llamarse to be called, be named
llegar to arrive
llenar to fill
lleno full, filled
llevar to wear; to carry, take
llorar to cry

M

macho male
madera wood
madre (la) mother
madrina godmother
madrugada dawn
  todas las madrugadas every morning at daybreak
maíz (el) corn
malo bad; evil
mandar to send; to order
mando command
manera manner
manifestar to reveal, show
mano (la) hand
mantener to keep
maña craftiness, clever trick
mar (el) sea, ocean
maravilloso wonderful
marcar to beat
  marcar el ritmo to beat the rhythm
  marcar el compás to beat time
marchar to go
más more
  sin más ni más without further ado
máscara mask
matar to kill
mayor larger, greater, greatest
mayoría majority
mediado: a mediados de about the middle of
medida: a medida que as, while
medio half
  por medio de by means of, through
  medios means, resources
mejor better
mejorar to improve
mendigo beggar
menor smaller
menudo: a menudo often, frequently
mercado market
mercancía wares, merchandise
mes (el) month
meter to put or place in
  meterse to get in, go in
mezcla mixture
mezclar to mix
miedo fear
miel (la) honey
miembro member

mientras while
mientras tanto meanwhile, in the meantime
miércoles Wednesday
mil thousand
milagro miracle
millar (el) thousand
millares a great number
mina mine
minoría minority
mirar to watch, look at
misa mass
miserable wretched
miseria extreme poverty
mismo same
modificar to modify
modismo idiom
modo manner, way
molestar to bother, annoy
montañoso mountainous
montar to get on, mount
monte (el) mountain
morir to die
mostrar to show
motivo reason, cause
movimiento movement
muerte (la) death
muerto dead
muerto de (*figurative*) dying with
mujer (la) woman, wife
mulato mulatto
mundial worldwide
mundo world
muñeca wrist
músico musician
muy very

N

nacer to be born
nada nothing, not ... anything
más que nada more than anything
nadie no one, not ... anyone
naturaleza nature
navegar to sail, navigate; to travel
necesitado needy
neto clear
ni nor
ni ... ni neither ... nor
nicho niche, hollow in a wall
nivel (el) level
noche (la) night; evening
nombre (el) name
noticia news
noventa ninety
nuevamente again
nuevo new
de nuevo again
número number

O

objeto object
obligar to obligate; to oblige
obstante; no obstante nevertheless, however
obtener to obtain
occidental western
oculto hidden, concealed
en forma oculta in secret
ocupar to occupy
oficio job, trade
ofrecer to offer
ofrenda offering
oído ear
oír to hear
ojo eye
en un abrir y cerrar de ojos in the twinkling of an eye, in a split second
olvidar to forget
oración (la) prayer; sentence
oratorio oratory, small chapel
oriental eastern
origen (el) origin
dar origen a to give rise to
originado begun, started
oro gold
oscuridad (la) darkness
otro another, other
oye (third person *pres. ind.* of *oír*) he, she hears

P

padre (el) father
padrinos godparents
pago payment
país (el) country
paisaje (el) landscape
paja straw
palabra word
palillo drumstick
palma palm tree
palmada clapping of the hands
palmar (el) palm grove
palmarino inhabitant of Palmares
panameño (*adj.* and *n.*) Panamanian
pantalones (los) pants, trousers
pañuelo handkerchief, bandanna
papa potato
papel (el) role
parecer to seem, appear
  parecerse a to resemble
pareja couple; female (dance) partner
pariente (el/la) relative
parte (la) part
  por otra parte on the other hand
  por todas partes everywhere
particular private
parrandista (el/la) carouser, reveler
pasado past
pasar to pass; to spend (time)
pasearse to go for a walk; to walk
paso step
pastar to graze, pasture
pastorear to tend; to pasture
pastoreo pasture, grassland
pata foot (of an animal)
patrón (el) master, boss; patron saint
patrona patron saint
patronal pertaining to a patron saint
paz (la) peace
peinado hairdo
peineta ornamental comb
peligro danger
pensar to think
pequeño small
perder to lose
perdonar to forgive
periferia periphery, confines
perla pearl
pero but
perro dog
perseguir to pursue
personaje (el) person, figure; character
peruano (*adj.* and *n.*) Peruvian
pesado heavy
pesar: a pesar de in spite of
peso peso, monetary unit of some Latin American countries
pie (el) foot
  de pie standing
piedad (la) pity
piel (la) skin; hide, pelt; fur
pila font, holy-water basin
pintar to paint
pintor (el) painter
pintoresco picturesque
plata money (*slang*); silver
plátano banana
platillo small plate, saucer
plato plate; dish
pluma feather
población (la) population
poblado populated, inhabited
pobre poor
poco little
  poco a poco little by little, gradually
poder to be able, can
polvo dust, powder
pólvora gunpowder
pollera skirt; the national dress of Panama
poner to put, place
  ponerse a to begin to
  ponerse de pie to stand up
por by, through, for, because of
  por todo throughout
portada frontispiece, title page
portón (el) gate
portugués (*adj.* and *n.*) Portuguese
pradera prairie
precipicio precipice, chasm

predilecto preferred, favorite
predominar to predominate
preferir to prefer
premio prize
preocupación (la) preoccupation; worries
preocuparse to worry
preparativo preparation
presentarse to appear; to report
presidir to preside
preso (*adj.*) imprisoned; (*n.*) prisoner
presumido presumptuous, vain
primer, primero first
principio beginning; principle
  a principios de at the beginning of
  al principio at first, in the beginning
privación (la) hardship
pronto soon
  tan pronto no sooner
propietario proprietor, owner
propio one's own; very
  propiamente dicho proper
proponer to propose
proseguir to continue, proceed
prosperidad (la) prosperity
provecho benefit; profit
  sacar provecho de to benefit from
pueblo people; nation; village
puerta door
puertorriqueño (*adj.* and *n.*) Puerto Rican
pues for, because
punto point; place

Q

que that; for
quedar to remain, be left
  quedarse to remain
  quedarse con to possess, take possession of; to keep, retain
querer to want
quien who
quince fifteen
quitar to take away
  quitarse to take off (a garment)

R

rama branch
rancho hut
rastro trace; track
rato while, short time
raza race
real royal
realizar to carry out
reaparecer to reappear
rebelarse to revolt, rebel
rebelde rebellious
recargado having an abundance
recibir to receive
recientemente recently
recoger to gather, collect
recordar to remember
recorrer to go through
recreo recreation
recuerdo memory
recuperar to recover
rechazar to repel, drive back
reducir to reduce
referirse a to refer to
reflejar to reflect
regla rule
  por regla general as a general rule
regocijo joy, merriment
regresar to return
reina queen
relato account, story
reluciente shining, bright
remedio remedy; medicine
remontar to go back to
renacimiento renaissance
rendirse to surrender
renombre (el) renown, fame
repente: de repente suddenly
repleto replete, very full
resistir to endure
resolver to decide
respeto respect
resultado result

retratar to depict; to portray
reunir to gather; to collect; to assemble
  reunirse to meet
revelar to reveal, disclose
reverencia bow
revolotear to fly about
rey (el) king
rezar to pray
rezo prayer
rico rich; exquisite; delicious
río river
riqueza wealth
ritmo rhythm
rito rite, ceremony
rodilla knee
rogar to ask, beg
rojo red
ropa clothes, clothing
rostro face, countenance
rueda wheel; circle

S

sabor (el) flavor
sacar to draw (out); to take out
sala living room
salir to go or come out; to leave
salón (el) hall
salto jump, leap
saludar to greet
sangrar to bleed
santo saint
satisfecho satisfied, pleased
seguida: en seguida immediately
seguir to follow; to continue
según according to
seguridad (la) safety, security
seguro certain, sure
seis six
semana week
semejante such, of that kind; similar
sencillo simple
sentarse to sit down
seña gesture
señalar to point
señor (el) Mr.; master, owner
separar to separate
serie (la) series
serpentina paper streamer
servir to serve
  servir de to serve as
  servirse de to make use of
si if
sí yes; himself, themselves
siempre always
siete seven
siglo century
significar to mean
siguiente following
símbolo symbol
sin without
sincrético syncretic
sincretismo syncretism (a combination of beliefs and practices having different origins)
singular unique; extraordinary
sinnúmero: un sinnúmero de a great many
sino but
sirvienta servant
sitio siege; place, site
situado located
soberano sovereign
sofocado out of breath
solemne solemn
solemnidad (la) solemnity
soler to be in the habit of
solitario lonely, secluded
sólo only
sombrero hat
sonido sound
sonreír to smile
sonriente smiling
soportar to bear, endure
sorpresa surprise
  de sorpresa by surprise
sosegarse to become calm
súbdito subject
subrayado underlined
subsistir to exist, live

suceder to succeed, follow, be the successor of; to happen
sudado sweaty
suelen (third person *pres. ind.* of *soler*) they are in the habit of
suelo ground
suelto loose
sueño dream
sufrimiento suffering
sufrir to suffer
sumamente exceedingly, highly
suntuoso lavish, magnificent
sur (el) south
suspiro breath
sustantivo noun
sustituir to substitute

T

tal such
  tal vez perhaps
tamaño size
también also
tambor (el) drum
tan as
tanto so much, so many
  por tanto therefore
tardar to delay, take a long time
tarde (*adj.*) late; (*n., f.*) afternoon
tarea task
técnica technique
tema (el) theme
temblar to tremble
tembleque (el) hair ornament
temblor (el) shaking, trembling
temeroso afraid
tener to have
  aquí tiene here is
teniente (el) deputy, lieutenant
tentativa attempt
tercer third
tercio third
terminar to end
tierra land
timbre (el) tone, timbre
típico typical
tirar to throw
tobillo ankle
tocar to touch; to play (a musical instrument)
todavía still; yet
todo all, every; everything
toparse con to meet, come upon
tortuga turtle
trabajar to work
trabajo work, labor, job
traer to bring
tráfico business, trade
traición (la) treachery
traicionar to betray
traje (el) clothes, dress, attire
tramar to plot, scheme
trasladado transferred
tratar: tratar de to deal with (a subject)
  tratarse de to be a question of
trato agreement, deal
través: a través de through
travesía crossing
travieso mischievous
trazas vestiges
trece thirteen
treinta thirty
tres three
tribu (la) tribe
tropa troops, soldiers
tropilla herd of horses
Troya Troy
trueno thunder

U

últimamente recently
último last
ulular to hoot
únicamente only, solely
universalizar to generalize

V

valer to be worth
valiente brave, courageous

valioso valuable
valor (el) bravery; value
valle (el) valley
variedad (la) variety
vecindad (la) vicinity
vecino neighbor
vela candle
veloz fast, swift
vencer to overcome, to win over; to defeat
vender to sell
venerar to venerate, worship
venir to come
ver to see
verbal oral; verbal
verdadero real, true
vestido: vestido con dressed in, wearing
  vestido de dressed as
vestir to wear
vestuario clothing, dress
vez (la) time
  a la vez at the same time; at a time
  de vez en cuando from time to time
  en vez de instead of
  muchas veces often, frequently
  tal vez perhaps
viaje (el) trip, voyage
victoria victory
vida life
vigilar to watch over
virgen (la) virgin
virtud (la) virtue
visitante (el/la) visitor
visitar to visit
víspera eve, day before
vistoso colorful, showy
vivo vivid, living
volver to return
  volver a to do again
voz (la) voice
vudú (el) Voodoo
vuelta: dar vueltas to turn, go around

Y

y and
ya already
yuca cassava

Z

zafra sugar-making season
zorro fox